Sigi Nesterenko

Das Histamin-Backbuch

Über 150 leckere histaminarme

Backrezepte für jeden Anlass

Rainer Bloch Verlag

Das Histamin-Backbuch
Über 150 leckere histaminarme Backrezepte für jeden Anlass
Sigi Nesterenko
ISBN 978-3-942179-16-4
Rainer Bloch Verlag
1.Ausgabe 2011

Druck: SOL GmbH, Schrobenhausen

SPRACHREGELUNG:
Zur Vereinfachung beim Schreiben und Lesen wird immer die männliche Form verwendet: der Patient, der Arzt usw. Dieser Artikel dient als allgemeiner Gattungsbegriff und schließt weibliche Personen automatisch mit ein.

Inhaltsverzeichnis

Seite

Vorwort

Möglicherweise gehören auch Sie zu meinen treuen Lesern, die bereits das ein oder andere Buch über Nahrungsmittelintoleranzen gelesen haben. Und wenn Sie nun dieses Backbuch in Ihren Händen halten, gehören Sie wohl auch zu der großen Familie der HIT-Betroffenen.

Also herzlich willkommen!

Aus vielen Rückmeldungen meiner Leser ist mir bekannt, dass sie immer wieder händeringend nach neuen Rezepten suchen, um aus dem langweiligen Einerlei aufgrund der Nahrungsmittelintoleranzen herauszukommen. Und bei einer Histaminintoleranz ist dies immer eine ganz besondere Herausforderung. Denn niemals ist man so ganz auf der sicheren Seite – ein bisschen Histamin ist doch allzu schnell hier und da versteckt. Man schmeckt, riecht und sieht es nicht, das macht es so gefährlich.

Und wer von einer sehr ausgeprägten Histaminintoleranz betroffen ist, kann ein Lied davon singen, dass sich der Körper schon bei den kleinsten Histaminmengen meldet und einem immer wieder unangenehme Überraschungen präsentiert.

Und auch trotz diverser Vorsichtsmaßnahmen und Unterstützung durch Nahrungsergänzungsmittel und Medikamente führt kein Weg daran vorbei, sich möglichst histaminarm zu ernähren. Doch das ist oft leichter gesagt als getan. Denn gängige Rezepte gehen auf die Histaminintoleranz leider gar nicht ein. Und bei Backrezepten? Meistens Fehlanzeige.

So haben auch Sie aus der Not heraus sicherlich zu so mancher Eigenkreation gegriffen und dabei die eine oder andere geschmackliche Niederlage erlebt. Denn die Rezepte der Allgemeinheit passen meistens nicht für uns. Wir HIT-ler müssen die Rezepte meistens verändern, sodass so einige geschmackliche Bauchlandungen kaum zu vermeiden sind.

Ich bin sicher, Sie kennen all das zugenüge!

Und manch einer von Ihnen wird im Laufe der Zeit seine

Geschmacksnerven derart entsensibilisiert haben, dass sich die Familie oft wundert, wie man das ein oder andere merkwürdige Einerlei auf dem Teller überhaupt genießen kann. Aber was soll man machen, wenn man aus lauter Verzweiflung oft gar nicht mehr weiß, was man überhaupt noch sicher essen kann?

Machen Sie jetzt Schluss damit, denn mit diesem einmaligen Backbuch halten Sie einen wichtigen Wegweiser in Ihrer Hand, der Ihnen wieder mehr Sicherheit und Geschmack in Ihre Backküche bringen kann.

Ab jetzt können Sie wieder leckere Sachen auf Ihren entwöhnten Teller zaubern. Sorgen Sie ab heute wieder für mehr Abwechslung in Ihrer Küche. Verwöhnen Sie endlich wieder Ihre Geschmacksnerven mit leckeren Rezepten aus Ihrer eigenen Backstube. Dieses Buch wird Ihnen dabei helfen. Und zwar bei jedem Anlass. Ganz egal, ob es um Ihr Kaffeekränzchen geht, einen Kindergeburtstag oder etwas Schnelles für zwischendurch.

Stöbern Sie in diesem übersichtlich gestalteten Buch nach neuen und altbekannten, aber auch vergessenen Gaumenfreuden. Ganz einfach – das ist der Anspruch, den dieses Buch hat. Komplizierte Anleitungen suchen Sie hier vergeblich. ***Histaminarm, einfach und genial*** – das ist der Anspruch, den ich mir bei der Auswahl der Rezepte gestellt hatte. Auch wenn Sie bisher kein großer Küchenzauberer waren – mit diesen einfachen Rezepten werden auch Sie Freude am Backen bekommen.

Profitieren Sie von dem großen Rezeptrepertoire, das ich im Laufe von vielen Jahren zusammengetragen habe. Da meine Mutter und Oma immer mit viel Leidenschaft die tollsten Torten und Kuchen gezaubert hatten (es lag den Damen quasi im Blut, denn mein Urgroßvater hatte eine Bäckerei……), verfüge ich über ein so großes Backrezepte-Repertoire, dass ich diesen Umfang selbst gar nicht erwartet hatte. Ja, ich war tatsächlich selbst überrascht über die vielen Rezepte, die im Laufe von vielen Jahrzehnten in unserer Familie zusammengetragen wurden. Und viele davon konnte ich mit kleinen Veränderungen für uns HIT-ler passend machen.

Ich verrate Ihnen also in diesem Buch auch so manches Familienrezept, das seit mehreren Generationen immer weiter gegeben wurde. Also wundern Sie sich nicht, wenn das ein oder andere Rezept auch mal einen etwas ungewöhnlichen Namen trägt.

Dieses Buch ist also auch ein kleines Novum, in dem ich das ein oder andere traditionelle Familienrezept weiter trage. Aber auch diverse Rezepte, die ich im Laufe der Jahre von Freundinnen bekommen habe, sind in teilweise veränderter Form in dieses Backbuch eingeflossen. An dieser Stelle vielen Dank an Euch alle für Eure unermüdliche Unterstützung!

So ist nun ein sehr abwechslungsreiches Backbuch entstanden, das für jeden Anlass etwas bereithält. Egal, ob Sie eine klassische Torte backen möchten, einen Snack für Ihren Arbeitsplatz benötigen, Abwechslungen für Ihre Kinder wünschen, oder Sie etwas Bequemes für unterwegs brauchen – das Angebot in diesem Backbuch ist so vielfältig, dass Sie mit diesem Buch einen wichtigen Begleiter für Ihre HIT gefunden haben.

Ich wünsche Ihnen von Herzen gutes Gelingen und schon jetzt einen richtig guten Appetit!

Ihre Sigi Nesterenko

Das sollten Sie wissen

Die in diesem Backbuch zusammengestellten Rezepte habe ich nach allerbestem Gewissen ausgewählt. Fast alle Rezepte habe ich selbst im Laufe meiner ‚Histaminkarriere' ausprobiert und kann sie aufgrund meiner Erfahrung empfehlen.

Bei den Zutaten wurde weitestgehend auf histaminhaltige oder histaminfreisetzende Lebensmittel verzichtet. Sie finden also keine Rezepte, die beispielsweise Schokolade, Kakao, Nüsse, Himbeeren, Brombeeren, Weizenmehl oder Hefe enthalten.

Eine Ausnahme habe ich bei Eiern gemacht, da diese in gebackener Form erfahrungsgemäß keine Probleme machen. Trotz meiner extremen HIT vertrage ich sie jedenfalls in dieser Variante problemlos. Auch von anderen Betroffenen ist mir bekannt, dass es bei ihnen genauso ist. Wenn Sie keine Eier vertragen, reduzieren Sie die angegebene Menge, oder versuchen Sie ein Eierersatzpulver, das in Reformhäusern und Bioläden erhältlich ist. Möglich ist auch, dass Sie die Eier gegen ein anderes für Sie verträglicheres Bindemittel austauschen.

Trotz aller Vorsicht, die ich bei der Auswahl der Rezepte getroffen habe, ist ein histaminarmes Rezept dennoch kein Freifahrtschein für tatsächliche Beschwerdefreiheit. Denn – das wissen Sie durch Ihre eigenen Erfahrungen mit Nahrungsmittelintoleranzen auch zu genüge – zusätzlich zur Histaminintoleranz spielen oft noch weitere individuelle Unverträglichkeiten auf einzelne Nahrungsmittel eine wichtige Rolle.

Bedenken Sie auch, dass einige Lebensmittel bezüglich ihres Histamingehaltes oder histaminfreisetzender bzw. – blockierender Eigenschaften noch sehr kontrovers diskutiert werden, und es noch nicht immer eindeutige Erkenntnisse gibt.

Achten Sie bei Ihrem Einkauf auf eventuelle Zusatzstoffe, und vermeiden Sie insbesondere diejenigen, die mit einer E-Nr. gekennzeichnet sind.

Und noch ein Hinweis zum Zucker. Da der haushaltsübliche Zucker trotz seiner Nachteile immer noch als das beliebteste Süßungsmittel verwendet wird, ist er auch Bestandteil vieler Rezepte in diesem Backbuch. Wenn Sie statt des Zuckers lieber gesündere Varianten wünschen, so tauschen Sie den Zucker beispielsweise gegen Stevia, Traubenzucker, Reissirup, Ahornsirup oder Honig aus.

Die meisten Rezepte in diesem Backbuch sind äußerst einfach und verständlich beschrieben. Viele von ihnen können innerhalb kurzer Zeit gebacken werden und benötigen keinerlei Vorkenntnisse. Viele Zutaten sind alltäglich und kostengünstig, sodass Sie keine Probleme haben sollten, sie zu beschaffen.

Das umfangreiche Rezeptangebot für Waffeln, Muffins, Donuts sowie Kekse und Plätzchen soll Ihnen eine große Flexibilität ermöglichen. Sie alle eignen sich ideal dafür, persönliche Vorlieben umzusetzen oder kleine Veränderungen an den Rezepten vorzunehmen, um sie den eigenen Verträglichkeiten anzupassen.

Sie bieten aber auch vielfältige Möglichkeiten, süße oder deftige Snacks für zwischendurch oder unterwegs zu zaubern. Denn gerade das ist immer ein besonders großes Problem, wenn man berufstätig ist.

Und außerdem können Sie Waffeln, Muffins und Donuts optimal auf Vorrat backen. Verdoppeln Sie hierfür einfach die angegebenen Zutatenmengen. Frieren Sie dann alles portionsweise ein, sodass Sie im Handumdrehen einen kleinen Snack zur Hand haben. Ganz schnell und einfach und dazu noch histaminarm.

Lebensmittelliste Histaminintoleranz

zu meiden	geeignet
Brotaufstrich	
Erdnusscreme Konfitüre aus unverträglichem Obst Marmelade aus unverträglichem Obst Nuss-Nougat-Creme vegetarische Brotaufstriche, insbesondere mit Hefezusatz	Butter Honig Margarine selbstgemachte Aufstriche aus verträglichen Obst- und Gemüsesorten und Quark

Getreide	
zu meiden	geeignet
Backwaren mit Hefe Fertigbackmischungen mit Hefe Weizenprodukte wie z. B. Brot, Nudeln, Kuchen, Zwieback	Backwaren ohne Backtreibmittel Getreideflocken Keimlinge Knäckebrot, wenn nicht aus Weizen Nudeln, wenn nicht aus Weizen Teigwaren ohne Hefe wie Mürbeteig Biskuitteig, Rührkuchen

Milchprodukte	
zu meiden	geeignet
Brie Buttermilch Camembert bis 300 mg/kg Cheddar 10 bis 60 mg/kg Chester Edamer Emmentaler 10 bis 700 mg/kg Gorgonzola bis 160 mg/kg Gouda 10 bis 900 mg/kg Harzer Käse bis 400 mg/kg Joghurt Kefir Parmesan bis 580 mg/kg Schimmelkäse Schmelzprodukte Tilsiter bis 60 mg/kg	Frischkäse H-Milch Butterkäse Quark (bedingt geeignet, hersteller- und mengenabhängig) Ricotta Käse Vollmilch, pasteurisiert

Obst	
zu meiden	geeignet
Ananas Bananen Birnen Brombeeren Weintrauben Erdbeeren Grapefruit, Zitrusfrüchte Himbeeren, Orangen Kirschen, Papaya Kiwi, Pflaumen Obstkonserven Obstsaft	Obstsorten, die nicht in der linken Spalte aufgeführt sind wie z. B. Äpfel, Heidelbeeren, Johannisbeeren, Melone

Gemüse	
zu meiden	**geeignet**
Auberginen Avocados Bohnen fermentiertes Gemüse wie eingelegte Gewürzgurken, Sauerkraut Gemüsekonserven Gemüsesäfte Hülsenfrüchte (besonders Kichererbsen, Sojabohnen) Kohlrabi Sauerkraut Spinat Tomaten	Chinakohl Karotten Kartoffeln Kohlgemüse wie Brokkoli, Blumenkohl Paprika selbstgemachte Gemüsesäfte aus Sorten, die nicht in der linken Spalte stehen Spargel Wurzelgemüse

Sonstiges	
zu meiden	**geeignet**
Kakao Knabbergebäck mit Schokolade, Nüssen und Konservierungsmitteln Marzipan Müsliriegel mit Nüssen, Obst mit biogenen Aminen, Schokolade Nougat Obst mit biogenen Aminen Schokolade Süßigkeiten mit Konservierungsmitteln Schokolade 5 bis 100 mg/kg Süßigkeiten mit Nüssen Süßigkeiten mit Schokolade (Schokolinsen, Schokoeis, Pralinen, chokoladenkuchen etc.)	Süßigkeiten und Müslibestandteile, die nicht in der linken Spalte aufgeführt sind

Grundrezepte

Tortenboden-Grundrezept

Zutaten:

200 g Roggenmehl, 50 g Maisstärke, 50 ml Leinöl, 200 ml Liter lauwarmes Wasser, 1 Tüte Weinsteinpulver, 100 g Zucker

Zubereitung:

Vermengen Sie das lauwarme Wasser mit dem Zucker und geben dann das Öl hinzu. Sieben Sie anschließend das Mehl in eine separate Schüssel, und vermischen Sie es mit dem Weinsteinpulver und der Maisstärke. Geben Sie das Mehlgemisch langsam zu der Wassermenge, und mixen Sie alles zu einem festen Teig.

Füllen Sie den Teig in eine mit Backpapier ausgelegte Backform für Tortenböden. Backen Sie den Teig im vorgeheizten Backofen ca. 45 Minuten lang bei 180 °C (keine Umluft). Lassen Sie den Boden auf einem Kuchengitter abkühlen.

Tipp:

Belegen Sie den Tortenboden nach Herzenslust und Verträglichkeit mit Obstsorten der Saison oder entsprechend dem Angebot Ihres Tiefkühlschranks.

Quark-Ölteig

Zutaten:

300 g Roggenmehl, 150 Magerquark, 6 EL Sonnenblumenöl, 2 TL Backpulver, 1 Ei, 5 EL Milch, 1 TL Salz, etwas Pfeffer

Zubereitung:

Vermischen Sie das Mehl mit dem Backpulver, und sieben Sie es anschließend auf eine Arbeitsfläche. Drücken Sie eine Mulde in die Mitte des Mehlberges, um hier die Milch, das Ei, Öl sowie Salz und Pfeffer hinein zu geben. Vermischen Sie alles und geben dann den Quark hinzu. Verkneten Sie die Zutaten jetzt zum Quark-Ölteig. Der Teig kann nach Belieben weiter verwendet werden wie z. B. für Pizza, Quiche, Kuchen oder für Torten.

Blätterteig selbst herstellen

Zutaten:

300 g Dinkelmehl, 120 g Butter, 150 ml Wasser, 1 Prise Salz

(anstatt Dinkelmehl können Sie auch Roggenmehl nehmen)

Zubereitung:

Geben Sie das Mehl, Wasser und Salz in eine Schüssel und vermixen dies zu einem Teig. Lassen Sie diesen anschließend 30 Minuten lang im Kühlschrank abkühlen.
Formen Sie die Butter zu einem Rechteck, indem Sie sie zwischen zwei Lagen Backpapier ausrollen. Stellen Sie die Butter anschließend ebenfalls in den Kühlschrank.

Rollen Sie dann den abgekühlten Teig in der doppelten Größe des Butterrechteckes aus. Die Butter legen Sie anschließend auf eine Teighälfte und klappen die andere Hälfte auf die Butter. Drücken Sie die Ränder fest zusammen und rollen den Teig zu einem länglichen Streifen aus. Legen Sie die schmalen Seiten zur Mitte zusammen und klappen diese nochmals zusammen. Insgesamt entstehen somit 4 Schichten. Je dünner der Teig ausgerollt ist, desto besser kann der Teig ‚aufblühen'.

Legen Sie den Teig nun wieder zurück in den Kühlschrank und lassen ihn weitere 30 Minuten lang ruhen. Wichtig ist, dass der Teig eine Temperatur bekommt, bei der er nicht mehr klebt.

Wenn Sie den Teig aufbacken möchten, verarbeiten Sie ihn zu einem beliebigen Gebäck. Einige Rezeptvorschläge finden Sie im Kapitel ‚Blätterteiggebäck'.

Tipp:

Öffnen Sie die Backofentür während der ersten 15 Minuten nicht. Backen Sie den Teig gut durch, damit er nicht ‚talgig' schmeckt.

Blätterteig auf Vorrat: Verdoppeln Sie die angegebenen Zutatenmengen, und frieren Sie den noch nicht gebackenen Teig portionsweise im Tiefkühlschrank ein. So können Sie bei Bedarf Blätterteig auch in kleinen Mengen aufbacken.

Torten

Apfelquarktorte Susi

Zutaten:

Teig: 150 g Roggenmehl, 150 g Zucker, 120 g Margarine, 80 g Haferflocken, 1 Eiweiß, 1 Prise Salz

Füllung: 500 g Magerquark, 500 g Äpfel, 75 g Zucker, 50 g Haferflocken, etwas Wasser, 3 Eiweiß, 2 TL Zucker

Zubereitung:

Geben Sie alle Teigzutaten in eine Schüssel, und vermengen Sie diese zu einem Knetteig.

Fetten Sie eine Springform (Ø 26 cm) gründlich ein, und legen Sie diese mit 2/3 des Teiges aus.

Formen Sie dabei einen etwa 4 cm hohen Rand.
Für den Belag schälen Sie die Äpfel und lösen das Gehäuse heraus. Schneiden Sie die Äpfel in Scheiben, und dünsten Sie diese dann zusammen mit dem Zucker an. Gießen Sie die Äpfel anschließend ab, und stellen Sie sie kalt.

Vermengen Sie jetzt den Quark zusammen mit den Haferflocken, 75 g Zucker und etwas Wasser. Schlagen Sie dann das Eiweiß steif, und heben Sie es unter die Quarkmasse. Füllen Sie die abgekühlten Äpfel auf den Teig in der Springform, und verteilen Sie darauf die Quarkmasse gleichmäßig.

Jetzt verteilen Sie den restlichen Teig in Form von Streuseln auf den Quark und geben die Springform dann in den Backofen.

Backen Sie die Torte ca. 60 Minuten bei 180 °C.

Apfeltorte Mexiko

Zutaten:

Teig: 225 g Butter, 150 g Zucker, 200 g feine Haferflocken, 5 Eier, 75 g Roggenmehl, 2 TL Backpulver, 1 Prise Salz

Füllung: 700 g Äpfel, 40 g Butter, 50 g Zucker, 75 g gehackte Mandeln

Für die Backform: grobe Haferflocken, Margarine oder Butter zum Einfetten

Zubereitung:

Schälen Sie die Äpfel, zerkleinern und dünsten Sie sie mit etwas Wasser. Lassen Sie die Äpfel anschließend abkühlen, und vermengen Sie sie dann mit Mandeln, Zucker und Butter.

Geben Sie alle Teigzutaten in eine Schüssel, und rühren Sie alles zu einem cremigen Teig.

Bereiten Sie jetzt eine Springform (Ø 28 cm) vor, indem Sie diese einfetten und anschließend mit den groben Haferflocken ausstreuen. Füllen Sie zuerst 2/3 der Teigmenge und danach die Apfelfüllung in die Springform. Den restlichen Teig verteilen Sie gleichmäßig auf die Apfelfüllung.

Backen Sie die Torte bei 190 °C ca. 60 Minuten lang.

Aprikosen-Apfeltorte Steffen

Zutaten:

300 g Roggenmehl, 150 g Magerquark, 120 g Zucker, 6 EL Sonnenblumenöl, 4 EL Milch, 1 Tüte Weinsteinpulver, 500 g Aprikosen, 250 g Äpfel, 1 Prise Salz, 2 EL feine Haferflocken

Zubereitung:

Verrühren Sie den Quark mit Zucker, Salz, Milch und Öl. Vermengen Sie das Mehl mit dem Weinsteinpulver, und mischen Sie es dann unter die Quarkmasse.

Fetten Sie die Springform (Ø 28 cm) gründlich ein, und berieseln Sie diese anschließend mit den feinen Haferflocken. Rollen Sie den Teig aus, und legen Sie ihn dann in die Springform. Formen Sie dabei einen ca. 2 cm hohen Rand. Stechen Sie mit einer Gabel mehrfach in den Boden.

Waschen Sie die Aprikosen gründlich und halbieren Sie diese, um die Steine zu entfernen. Schälen Sie die Äpfel und vierteln Sie diese, um das Gehäuse herauszuschneiden. Zerteilen Sie die Äpfel danach in kleine Stückchen. Legen Sie die Aprikosen mit der Schnittstelle nach unten auf den Tortenboden. Füllen Sie die Lücken mit den Apfelstückchen aus.

Schieben Sie die Springform nun in den vorgeheizten Backofen und backen Sie die Torte ca. 45 Minuten lang bei 190 °C.

Wenn Sie keine frischen Aprikosen bekommen können, nehmen Sie stattdessen tiefgefrorene Aprikosen.

Buchweizen-Mandeltorte Sabine

Zutaten:

200 g Buchweizenmehl, 50 g Maismehl, 250 g Butter, 250 g Zucker, 250 g geriebene Mandeln, 4 Eier, 1 Tüte Backpulver, 1 Tüte Vanillezucker, 20 ml Dosenmilch, etwas Fett für die Backform

Zubereitung:

Rühren Sie die Butter zusammen mit 150 g Zucker und dem Eigelb schaumig. Das Eiweiß schlagen Sie separat steif und vermengen es mit 100 g Zucker. Mixen Sie jetzt in einer weiteren Schüssel die Mandeln mit dem Mehl, Vanillezucker und Backpulver. Vermengen Sie dann alles zusammen, fügen die Dosenmilch hinzu und verrühren alles zu einem fertigen Teig. Füllen Sie den Teig dann in eine gründlich eingefettete Springform (Ø 26 cm). Schieben Sie die Backform in den vorgeheizten Backofen, und backen Sie die Torte 45 Minuten lang bei 180 °C.

Tipp:

Wenn die Torte etwas fruchtiger schmecken soll, schneiden Sie den Boden horizontal durch und füllen eine Marmeladensorte darauf, die Sie vertragen. Dies kann z. B. Aprikosenmarmelade oder Heidelbeerkonfitüre sein. Sie können die Torte außerdem mit einem Tortenguss Ihrer Wahl und Sahne bestreichen und dekorieren.

Gedeckte Apfeltorte Saarbrücken

Zutaten:

Teig: 150 g Margarine, 300 g Roggenmehl, 1 Prise Salz, 150 g Zucker, etwas Butter oder Margarine für die Backform

Füllung: 500 g Äpfel, ½ TL Zimt, 50 g Rosinen, je 50 g geriebene und gehobelte Mandeln, 100 g Zucker

Glasur: 1 Eigelb, 50 g Puderzucker, 2 EL Aprikosenmarmelade,

Zubereitung:

Vermengen Sie das gesiebte Mehl mit 150 g Zucker, der Butter, den Eiern und dem Salz. Verkneten Sie alle Zutaten zu einem festen Teig und lassen ihn anschließend im Kühlschrank 2 Std. lang zugedeckt ruhen.

Rollen Sie dann 2/3 des abgekühlten Teigs aus, und legen Sie den Boden einer Springform (Ø 26 cm) und den Rand damit aus. Fetten Sie die

Springform zuvor mit Margarine oder Butter ausreichend ein. Den Teigboden stechen Sie mit einer Gabel mehrmals ein.

Schieben Sie die Backform nun in den vorgeheizten Backofen, und backen Sie den Tortenboden 15 Minuten lang an.

Jetzt schälen Sie die Äpfel, vierteln diese und befreien sie vom Kerngehäuse. Anschließend schneiden Sie die Äpfel in noch etwas kleinere Stückchen und dünsten sie dann zusammen mit 100 g Zucker, Rosinen, den Mandeln und dem Zimt 10 Minuten lang.

Füllen Sie anschließend den vorgebackenen Tortenboden mit den Äpfeln aus. Formen Sie aus dem restlichen Teig eine Teigplatte, die Sie dann auf die Apfelschicht legen. Verquirlen Sie das Eigelb, und bestreichen Sie damit die Teigplatte.

Backen Sie den Apfelkuchen nun weitere 30 Minuten. Sobald dieser in der Backform abgekühlt ist, bestreichen Sie ihn mit der erhitzten Marmelade. Lassen Sie diese trocknen und verrühren dann den Puderzucker, den Sie anschließend über den Kuchen streichen.

Gemischte Haferflockenobsttorte

Zutaten:

75 g Haferflocken, 75 g Roggenmehl, 75 g Margarine, 50 g Zucker, 1 TL Backpulver, 2 Eiweiß, 1 Pfirsich, 1 nichtvollreife Banane, 4 Aprikosen,

¼ Liter verträglicher Obstsaft, 1 Tüte Tortenguss ohne E-Nr.

Zubereitung:

Rühren Sie die Margarine mit dem Zucker schaumig und fügen dann die

Haferflocken, das Roggenmehl und das Backpulver hinzu. Vermengen Sie alles zu einem Teig, und streichen Sie diesen in eine gründlich eingefettete Springform. Backen Sie den Tortenboden ca. 20 Minuten lang bei 160 °C. Lassen Sie den Tortenboden anschließend abkühlen, und belegen Sie ihn dann mit dem Obst. Hierfür schneiden Sie das Obst in dünne Scheiben und legen diese auf den Tortenboden. Rühren Sie den Tortenguss mit etwas Wasser an, und rühren Sie diesen dann in den kochenden Obstsaft. Lassen Sie diesen kurz aufkochen und danach abkühlen. Geben Sie den abgekühlten Tortenguss über den mit Obst ausgelegten Tortenboden.

Heidelbeer-Käsetorte

Zutaten:

Teig: 250 g Roggenmehl, 100 g Zucker, 125 g Butter, 1 Ei, je eine Prise Salz und Zimt

Füllung: 400 g Heidelbeeren, 50 g Stärkemehl (auf Basis von Mais oder Kartoffeln), ¼ Saft aus dem Glas, 100 g Zucker, 1 TL Zimt

Käsemasse: 750 g Quark, 60 g Stärkemehl (auf Basis von Mais oder Kartoffeln) 200 g Zucker, 4 Eier, ¼ Liter Sahne

Zubereitung:

Vermengen Sie die Teigzutaten zu einem Mürbeteig und legen damit eine eingefettete Springform (Ø 28 cm) aus. Stechen Sie mit einer Gabel mehrfach in den Tortenboden.

Bringen Sie den Zucker und Zimt mit etwas Wasser in einem Topf zum Kochen. Rühren Sie währenddessen das Stärkemehl gleichmäßig ein. Lassen Sie den Saft nur kurz aufkochen und nehmen den Topf dann von der Herdplatte. Fügen Sie anschließend die Heidelbeeren hinzu.

Verrühren Sie dann den Quark mit 100 g Zucker, dem Eigelb und Stärkemehl. Schlagen Sie das Eiweiß mit dem restlichen Zucker steif. Schlagen Sie die Sahne separat, und fügen Sie diese anschließend zusammen mit dem Eischnee unter den Quark.

Füllen Sie die Heidelbeeren nun in die mit dem Mürbeteig ausgelegte Springform. Geben Sie die Käsemasse darüber, und streichen Sie diese dann glatt.

Schieben Sie die Backform in den vorgeheizten Backofen, und backen Sie die Torte ca. 25 Minuten lang bei 200 °C. Wenn die Oberfläche der Torte eine hellgelbe Farbe zeigt, schneiden Sie den Rand ca. 1 cm tief ein, damit die Oberfläche nicht reißen kann. Schalten Sie die Temperatur anschließend auf 180 °C zurück.

Sobald die Quarkmasse in die Höhe treibt und ca. 2 cm über den Rand der Springform hinausgewachsen ist, nehmen Sie die Form aus dem Backofen und lassen diese so lange draußen stehen, bis die Quarkmasse wieder auf die ursprüngliche Höhe gesunken ist. Nach etwa 4 Minuten können Sie die Backpause beenden und den Backvorgang fortsetzen. Meistens muss dieser Vorgang zweimal wiederholt werden. Dies ist notwendig, damit der fertig gebackene Kuchen am Ende nicht in sich zusammenfällt. Die Unterbrechungen der Backzeit sind in der Gesamtdauer bereits berücksichtigt. Nach Beendigung der Backzeit lassen Sie die Torte in der Backform abkühlen und stürzen sie anschließend auf ein Kuchengitter. Entfernen Sie die Backform, und lassen Sie die Torte erkalten.

Lieblings-Himmelstorte

Zutaten:

Teig: 250 g Butter, 200 g Zucker, 250 g Roggenmehl, 125 g Mondamin, 4 Eigelb, Saft von einer kleinen Zitrone

Füllung: 5 Becher Schmand

Belag: 4 Eiweiß, 100 g gehobelte Mandeln, 2 TL Zimt, 125 g Hagelzucker

Zubereitung:

Geben Sie alle Teigzutaten in eine Schüssel, und mixen Sie daraus einen cremigen Teig. Teilen Sie den Teig anschließend in 5 gleichgroße Portionen auf und backen nacheinander 5 einzelne Böden.

Bestreichen Sie **vor** dem Backen jeden Boden mit geschlagenem Eiweiß, den gehobelten Mandeln, dem Hagelzucker und Zimt.

Nach dem Backen geben Sie auf jeden einzelnen Boden jeweils einen Becher Schmand. Die Himmelstorte ist fertig, wenn Sie die 5 gebackenen Böden übereinander gelegt haben und jeden Zwischenraum mit Schmand und den Belagzutaten wie beschrieben gefüllt haben.

Stellen Sie die Torte nach der Fertigstellung in den Kühlschrank und lassen sie durchziehen.

Tipp:

Wenn Sie den Schmand nicht vertragen, ersetzen Sie diesen durch Sahne und vermengen diese mit etwas Zitronensaft.

Mais-Aprikosen-Torte

Zutaten:

200 g Maismehl, 120 g Roggenmehl, 120 g Zucker, 150 ml Reismilch, 750 g tiefgekühlte Aprikosen, 3 EL Puderzucker, ½ TL Weinsteinpulver, etwas Fett für die Kuchenform

Zubereitung:

Geben Sie das Mehl, Weinsteinbackpulver und den Zucker in eine Schüssel. Vermengen Sie alles, und gießen Sie langsam die Reismilch hinzu. Formen Sie den festen Teig zu einer Kugel, und lassen Sie diese ca. 1 Stunde lang ruhen.

Bereiten Sie eine Springform (Ø 26 cm) vor, indem Sie diese gründlich einfetten. Anschließend geben Sie den Teig hinein und verteilen ihn gleichmäßig. Stechen Sie den Tortenboden mehrmals mit einer Gabel ein.

Geben Sie dann die tiefgekühlten (nicht aufgetauten!) Aprikosen auf den Boden und verteilen diese gleichmäßig. Schieben Sie die Backform in den vorgeheizten Backofen. Bei 200 °C backen Sie die Torte ca. 60 Minuten lang.

Sobald die Torte abgekühlt ist, sieben Sie den Puderzucker gleichmäßig darauf.

Möhrentorte Oberkassel

Zutaten:

150 g geriebene Möhren, 75 g geriebene Mandeln, 1 Eigelb, 1 EL Honig, 2 Eiweiß, 50 g Haferflocken, 50 g Roggenmehl, 1 TL Backpulver, Saft von einer Zitrone

Zubereitung:

Schlagen Sie das Eigelb mit dem Honig schaumig und fügen dann den Zitronensaft hinzu. Schlagen Sie das Eiweiß steif und geben dieses zum Eigelb. Vermengen Sie die Haferflocken mit dem Roggenmehl und Backpulver, vermischen dieses mit den geriebenen Möhren und geben dann alles zu der Eimasse. Rühren Sie hieraus einen fertigen Teig. Füllen Sie den Teig in eine mit Backpapier ausgelegte Springform (Ø 20 cm), und stellen Sie diese anschließend in den vorgeheizten Backofen. Bei 180 °C backen Sie die Torte ca. 40 Minuten.

Pfirsichtorte

Zutaten:

Teig: 200 g Dinkelmehl, 100 g Zucker, 2 TL Backpulver, 125 Butter, 2 EL kleingeschnittener Ingwer, 1 Prise Salz

Belag: 12 Pfirsichhälften, 50 g gehackte Mandeln, etwas Puderzucker

Zubereitung:

Reinigen Sie die frischen Pfirsiche und schneiden Sie diese anschließend in Hälften, um die Kerne zu entfernen. Danach dünsten Sie die Pfirsiche ca. 10 Minuten lang und lassen sie dann abkühlen.

Bereiten Sie aus den Teigzutaten einen Rührteig zu, und füllen Sie diesen in eine gründlich eingefettete Springform. Streuen Sie die gehackten Mandeln gleichmäßig auf dem Tortenboden.
Legen Sie die Pfirsichhälften mit der Schnitthälfte nach unten auf den Boden. Setzen Sie die Springform in den Backofen, und backen Sie die Torte ca. 70 Minuten lang bei 180 °C.

Bestreuen Sie anschließend die noch heiße Torte mit dem Puderzucker.

Philadelphiatorte mit Heidelbeeren

Zutaten:

600 g Frischkäse, 100 g Maisflakes, 100 g Dinkelzwieback, 250 g Butter, 2 Becher Sahne, 1 Tüte Tortenguss, 400 g Heidelbeeren, 1 Tasse Puderzucker

Zubereitung:

Geben Sie die Maisflakes und den Dinkelzwieback in eine Schüssel, und zerbröseln Sie alles mit einer Gabel. Dann vermischen Sie die Brösel mit der zerlaufenen Butter, die Sie zuvor in einem Topf erwärmt haben.

Legen Sie einen Tortenring auf eine Tortenplatte, und füllen Sie die Teigmasse hinein. Drücken Sie den Teig fest.

Erhitzen Sie den Frischkäse leicht und vermengen ihn dann mit dem Puderzucker. Füllen Sie die Käsemasse nun auf den Tortenboden. Schlagen Sie die Sahne steif, und geben Sie sie auf die Käsemasse. Verteilen Sie die gefrorenen Heidelbeeren auf der Sahne.

Gießen Sie den Tortenguss entsprechend der Packungsanleitung auf, und gießen Sie diesen anschließend über die Heidelbeeren. Stellen Sie die fertige Torte nun zum Festigen und Abkühlen für mindestens 3 Stunden in den Kühlschrank.

Tipp:

Lassen Sie die Philadelphiatorte über Nacht im Kühlschrank durchziehen, dann schmeckt sie am nächsten Tag noch viel besser.

Preiselbeerflockentorte

Zutaten:

150 g Roggenmehl, 4 Eier, 750 g Sahne, ¼ Liter Wasser, 4 Tüten Sahnefestiger, 50 g Margarine, 1 Tüte Vanillezucker, 1 TL Backpulver, 2 EL Puderzucker, 400 g Preiselbeeren

Zubereitung:

Kochen Sie das Wasser zusammen mit dem Vanillezucker, Salz und der Margarine auf. Nehmen Sie dann den Topf von der Herdplatte und geben das Mehl hinzu. Verrühren Sie alle Zutaten und stellen den Topf zurück auf die Herdplatte.

Rühren Sie so lange weiter bis sich der Teig vom Topfboden gelöst hat und sich als eine Kugel formen lässt. Nehmen Sie dann den Topf erneut von der Herdplatte. Rühren Sie sofort ein Ei darunter, und fügen Sie anschließend die weiteren 4 Eier und das Backpulver hinzu. Teilen Sie jetzt den Teig in 4 Portionen auf.

Legen Sie eine Springform mit Backpapier aus und backen nacheinander 3 Böden. Hierfür benötigen Sie ca. 15 Minuten bei 200 °C.

Den vierten Teil des Teigs füllen Sie in einen Spritzbeutel und formen damit einen großen Teigring in die Springform. Diesen backen Sie im Backofen wie die vorherigen 3 Böden.

Schlagen Sie dann die Sahne steif, und fügen Sie den Puderzucker und Sahnefestiger hinzu. Heben Sie anschließend die Preiselbeeren unter. Bestreichen Sie dann jeden einzelnen Boden mit der Preiselbeercreme und setzen die Tortenböden anschließend aufeinander. Als Abschluss setzen Sie den Kranz auf die Torte.

Quarktorte mit Heidelbeeren

Zutaten:

Teig: 100 g Roggenmehl, 100 g Butter, ½ Tüte Vanillezucker, 1 Prise Salz, 50 g Zucker, 6 EL Instant-Haferflocken, 1 Ei

Füllung: 2 Päckchen Gelatine, 2 Eier, 300 g Heidelbeeren (frisch oder gefroren), 125 g Zucker, 250 g Sahne, 500 g Quark, 1 Tasse Wasser

Zubereitung:

Geben Sie alle Teigzutaten in eine Schüssel und kneten daraus einen Mürbeteig. Lassen Sie ihn anschließend ca. 15 Minuten lang ruhen.

Bereiten Sie eine Springform (Ø 26 cm) vor, indem Sie diese einfetten. Legen Sie den Boden und den Rand mit dem Mürbeteig aus, und stechen Sie diesen mehrmals mit einer Gabel ein. Backen Sie den Tortenboden nun bei 190 °C ca. 20 Minuten lang ab.

Bereiten Sie währenddessen die Füllung vor. Lassen Sie hierfür die Gelatine in etwas Wasser aufquellen. Schlagen Sie die Eier und den Zucker cremig und rühren ½ Tasse Wasser und den Quark hinein. Erhitzen Sie jetzt die Gelatine bis sie sich aufgelöst hat. Danach rühren Sie diese unter die Quarkcreme. Schlagen Sie dann die Sahne steif, und heben Sie diese anschließend zusammen mit den Heidelbeeren unter den Quark. Geben Sie jetzt die fertige Creme auf den abgebackenen Tortenboden. Stellen Sie die gefüllte Springform in den Kühlschrank und lassen die Torte dort abkühlen. Wenn sie mögen, dekorieren Sie die Torte mit einem Tortenguss.

Umgekehrte Aprikosentorte

Zutaten:

Teig: 80 g Roggenmehl, 50 g Speisestärke (auf der Basis von Mais oder Kartoffeln), 125 g Margarine, 2 TL Backpulver, 125 g Zucker, 1 Tüte Vanillezucker, 3 Eier, 120 g geriebene Mandeln

Sonstiges: ca. 1,5 kg Aprikosen (frisch oder gefroren), Alufolie, 2 EL gehobelte Mandeln

Zubereitung:

Legen Sie eine Springform mit Alufolie aus. Streuen Sie den Zucker auf den Boden und legen anschließend die Aprikosen mit der Wölbung nach oben direkt nebeneinander in die Form.

Geben Sie die Teigzutaten in eine Schüssel, und bereiten Sie nun daraus einen Rührteig. Verteilen Sie diesen anschließend gleichmäßig über die Aprikosen. Geben Sie die Backform für ca. 60 Minuten in den vorgeheizten Backofen und lassen die Torte bei 175 °C backen. Anschließend lassen Sie die Torte abkühlen und stürzen sie auf eine Tortenplatte.

Bevor Sie die Torte servieren, streuen Sie einige gehobelte Mandelsplitter auf den Belag.

Kuchen

Einfacher Maiskuchen

Zutaten:

500 g Maismehl, 200 g Zucker, 200 g Margarine, 1 Tüte Backpulver, 500 ml Mineralwasser mit Kohlensäure, 1 TL Vanillepulver, 1 Prise Salz, Puderzucker

Zubereitung:

Geben Sie alle Zutaten in eine Schüssel und vermengen Sie diese zu einem cremigen Teig. Bereiten Sie eine Springform (Ø 26 cm) vor, indem Sie diese mit Backpapier auslegen. Alternativ können Sie auch eine Kastenform verwenden.

Füllen Sie den Teig in die vorbereitete Backform, und schieben Sie diese anschließend in den Backofen. Bei ca. 140 °C backen Sie den Kuchen ca. 90 Minuten lang. Nach dem Abkühlen ist der Maiskuchen servierfertig.

Damit der Maiskuchen optisch ansprechender wird, tragen Sie eine einfache Glasur aus Puderzucker auf.

Johannisbeeren im Kasten

Zutaten:

Teig: 220 g Roggenmehl, 250 Johannisbeeren, 30 g feine Haferflocken, 200 g Butter, 70 g geraspelte Mandeln, 150 g Zucker, 3 Eier, 1 Prise Salz

Sonstiges: etwas Butter für die Kuchenform

Zubereitung:

Geben Sie alle Zutaten bis auf die Johannisbeeren in eine Schüssel und verrühren alles zu einem Teig. Stellen Sie diesen anschließend für 30 Minuten in den Kühlschrank und lassen ihn ziehen. Bereiten Sie währenddessen die Johannisbeeren vor. Entfernen Sie diese von den Stängeln, und reinigen Sie sie gründlich. Anschließend lassen Sie sie abtrocknen.

Holen Sie den Teig aus dem Kühlschrank, und heben Sie die Johannisbeeren vorsichtig darunter. Füllen Sie den fertigen Teig nun in eine gründlich eingefettete Kastenform, und backen Sie diese im vorgeheizten Backofen bei 180 °C für ca. 25 Minuten.

Wenn sie mögen, servieren Sie den Kuchen mit Schlagsahne und dekorieren diese mit geraspelten Mandeln.

Kokos-Maiskuchen

Zutaten:

200 g Maismehl, 200 g Roggenmehl, 150 g Kokosraspeln, 4 Eier, 450 ml Milch, 150 g Butter, 120 g Zucker, 1 Tüte Weinsteinpulver

Zubereitung:

Sie trennen die Eier und rühren dann das Eigelb mit der Butter glatt. Rühren Sie nach und nach das Mehl und die Kokosraspeln unter. Verrühren Sie alles und fügen währenddessen langsam die Milch hinzu bis ein zäher Teig entstanden ist. Schlagen Sie das Eiweiß zu Eischnee und heben Sie diesen dann unter die Teigmasse.

Rühren Sie anschließend das Weinsteinpulver hinein. Fetten Sie eine Gugelhupfform (Ø 22 cm) ein und geben den Teig hinein. Sie geben die Backform in den vorgeheizten Backofen und backen diese bei 180 °C ca. 45 Minuten lang.

Melonen-Buchweizenkuchen

Zutaten:

Teig: 200 g Buchweizenmehl, 100 ml Honig, ausgeschabtes Mark von 2 Vanilleschoten, 2 EL Wasser, 4 Eier

Belag: 1 kg Honigmelone, 250 ml Sahne, 20 g Zucker

Zubereitung:

Sie trennen die Eier und vermengen das Eigelb mit dem Honig, dem Vanillemark und den 2 EL heißem Wasser. Schlagen Sie dann die Eiweiße steif und geben diese auf die Vanillecreme. Geben Sie jetzt auch das Buchweizenmehl hinzu und mixen Sie alles. Füllen Sie den Teig auf ein mit Backpapier ausgelegtes Backblech. Schieben Sie dieses in den vorgeheizten Backofen auf der unteren Schiene bei 180 °C für ca. 20 Minuten.

Währenddessen schlagen Sie die Sahne steif und vermengen sie mit dem Zucker. Vierteln Sie die Honigmelone und entfernen die Kerne. Entfernen Sie die Schale, und schneiden Sie aus dem Fruchtfleisch dünne Scheiben.

Wenn der Tortenboden ausgekühlt ist, streichen Sie diesen vollflächig mit der Sahne ein und belegen diese anschließend mit den Melonenscheiben.

Melonenkuchen im Kasten

Zutaten:

250 Dinkelmehl, 130 g Haferflocken, 100 g Zucker, 100 g Butter, 100 ml Melonensaft, 2 Eiweiß

Zubereitung:

Vermischen Sie das Mehl, die Haferflocken und das Backpulver. Schlagen Sie den Zucker mit der Butter schaumig. Trennen Sie aus einer Wassermelone Fruchtfleisch heraus, und gewinnen Sie durch das Zerdrücken mit einer Gabel ca. 100 ml Melonensaft.

Geben Sie diesen zu der Buttermasse und rühren dann auch nach und nach die Mehlmischung unter. Schlagen Sie das Eiweiß steif, und heben Sie es vorsichtig unter den Teig.

Den fertigen Teig füllen Sie in eine gründlich eingefettete Kastenform (25 cm) und backen diese ca. 50 Minuten lang bei 200 °C.

Heidelbeerbaiser nach Elli

Zutaten:

1 kg Heidelbeeren, 250 g Roggenmehl, 3 Eier, 50 g Butter, 150 g Zucker (Teig), 3 TL Weinsteinpulver, 5 EL Milch, 200 g Zucker (Füllung), 1 Prise Salz, 30 g Kokosflocken, 1 EL Vanillezucker, 3 EL heißes Wasser

Zubereitung:

Trennen Sie die Eigelbe vom Eiweiß. Schlagen Sie dann die Eigelbe mit 3 EL heißem Wasser schaumig und geben langsam 150 g Zucker und den

Vanillezucker hinzu. Mischen Sie das Mehl mit dem Backpulver. Sie zerlassen die Butter, lassen sie etwas abkühlen und geben sie mit dem Mehl und der Milch zu der Eigelbmasse.

Rühren Sie so lange, bis ein cremiger Teig entstanden ist.

Geben Sie diesen dann auf ein gut eingefettetes Backblech und backen Sie dieses in dem vorgeheizten Backofen 15 Minuten lang bei 180 °C.

Schlagen Sie die Eiweiße steif und fügen langsam den restlichen Zucker hinzu. Heben Sie dann die zuvor gereinigten Heidelbeeren unter. Geben Sie diese nun fertige Baisermasse gleichmäßig auf den Kuchen.

Schalten Sie die Temperatur des Backofens auf 150 °C zurück, und backen Sie das Backblech nun weitere ca. 15 Minuten. Lassen Sie den Kuchen abkühlen, bevor Sie ihn in Stücke schneiden und servieren.

Tipp:

Im ersten Moment klingt das Rezept etwas aufwendig, was es in der Praxis jedoch gar nicht ist.

Heidelbeerplattenkuchen

Zutaten:

1 kg Heidelbeeren, 200 g Butter, 225 g Roggenmehl, 200 g Zucker, 150 g Speisestärke, 2 TL Backpulver, 5 Eier, 2 EL Puderzucker, 2 EL Vanillezucker

Zubereitung:

Reinigen Sie die Heidelbeeren gründlich und lassen Sie sie abtropfen.

Schlagen Sie die Butter mit 100 g Zucker schaumig. Vermischen Sie in einer separaten Schüssel 200 mg Mehl mit dem Backpulver und 100 g Speisestärke. Vermengen Sie dann diese Mehlmischung mit 3 Eiern langsam unter die Buttermasse, und rühren Sie so lange, bis ein cremiger Teig entstanden ist.

Füllen Sie den Teig dann auf ein mit Backpapier ausgelegtes Backblech, und verteilen Sie ihn gleichmäßig. Geben Sie das Backblech in den vorgeheizten Backofen und backen es 30 Minuten lang bei 190 °C.

Trennen Sie jetzt die beiden restlichen 2 Eier in Eiweiß und Eigelb. Schlagen Sie das Eiweiß zu Eischnee, und vermengen Sie die Eigelbe mit dem Vanillezucker und dem restlichen Zucker. In einer separaten Schüssel mixen Sie das übrige Mehl mit der verbliebenen Speisestärke. Vermengen Sie dies anschließend mit dem Eischnee, und heben Sie diese Masse dann unter das Eigelb. Vermengen Sie den Teig mit den Heidelbeeren und verteilen Sie ihn gleichmäßig auf die vorgebackene Teigplatte. Backen Sie den Kuchen anschließend 15 Minuten lang im Backofen fertig.

Lassen Sie den Heidelbeerkuchen abkühlen, und besieben Sie ihn danach mit Puderzucker.

Johannisbeerkuchen Evelyn

Zutaten:

Teig: 200 Butter, 375 g Roggenmehl, 200 g Zucker, 1/8 Liter Milch, ½ Tüte Backpulver

Belag: 700 g Johannisbeeren, 75 g Speisestärke, 150 g Zucker, 75 g mit Schale gemahlene Mandeln

Zubereitung:

Bereiten Sie aus den angegebenen Teigzutaten einen Rührteig. Geben Sie diesen anschließend auf ein gründlich eingefettetes Backblech.

Schlagen Sie für den Belag das Eiweiß steif, und geben Sie nach und nach den Zucker dazu. Danach kommen alle weiteren Belagzutaten hinzu, die Sie vorsichtig vermengen. Streichen Sie den Belag dann auf den Teig und backen das Backblech ca. 30 Minuten lang bei 190 °C.

Lassen Sie das Backblech weitere 10 Minuten lang bei 0 im Backofen.

Mandelschnitten

Zutaten:

Teig: 250 g Dinkelmehl, 1 TL Backpulver, 1 Tüte Vanillezucker, 100 g Zucker, 1 Ei, 100 Butter

Belag: 150 g gehackte Mandeln, 75 g Butter, 100 g Zucker,1 EL Dosenmilch

Zubereitung:

Vermengen Sie das Mehl mit dem Backpulver, und sieben Sie es dann in eine Schüssel. Geben Sie den Zucker und das Ei hinzu, und mixen Sie alles zu einem Teig. Verteilen Sie dann die Butter in Form von Flöckchen auf den Teig, und verkneten Sie alles zu einem glatten Teig.

Rollen Sie den fertigen Teig aus, und belegen Sie damit ein mit Backpapier ausgelegtes Backblech.

Für den Belag kochen Sie den Zucker zusammen mit der Butter kurz auf. Geben Sie dann die Dosenmilch und die gehackten Mandeln hinzu. Lassen Sie den Belag nun abkühlen, und verteilen Sie ihn anschließend auf den Teig.

Bei mittlerer Hitze backen Sie den Teig ca. 15 Minuten lang. Anschließend schneiden Sie den fertig gebackenen Teig mit einem scharfen Messer in handgerechte Streifen.

Rhabarberplattenkuchen

Zutaten:

Teig: 500 Dinkelmehl, 250 g Butter, 125 g Zucker, ½ Tüte Backpulver, 1 Prise Salz

Belag: 2 kg Rhabarber, 4 Eier, 250 g Zucker, 1 Tüte Vanillezucker

Zubereitung:

Bereiten Sie aus den angegebenen Teigzutaten einen Knetteig. Rollen Sie diesen anschließend auf dem gründlich eingefetteten Backblech aus. Bei 180 °C backen Sie den Boden ca. 15 Minuten lang.

Währenddessen reinigen Sie den Rhabarber und schneiden ihn in 2 cm lange Stücke. Verteilen Sie diese gleichmäßig auf dem vorgebackenen Kuchenboden.

Schlagen Sie für den Belag das Eiweiß steif und lassen dabei den Zucker langsam einrieseln. Heben Sie dann das Eigelb unter. Füllen Sie diese Creme über den Rhabarber und backen nun das Backblech nochmals bei 180 °C für etwa 20 Minuten.

Waffeln

Waffel-Grundrezept

Zutaten:

100 g Roggenmehl, 125 g Butter, 125 ml Sahne, 30 g Zucker, 4 Eier, 1 Tüte Vanillezucker

Etwas Butter oder Margarine zum Einfetten des Waffeleisens.

Etwas Puderzucker zum Bestreuen.

Zubereitung:

Schlagen Sie die Butter schaumig und geben dann die Eier, den Zucker und Vanillezucker hinzu. Verrühren Sie alles miteinander und geben anschließend das Mehl hinzu. Nachdem Sie dieses vermixt haben, ergänzen Sie die Sahne und vermischen alles zu einem cremigen Teig.

Heizen Sie das Waffeleisen vor, und fetten Sie es vor dem Abbacken jeder Waffel ausreichend ein. Pro Waffel geben Sie ca. 3 EL Teig auf das Waffeleisen und backen die Waffeln nacheinander goldbraun. Bestreuen Sie die Waffeln vor dem Servieren mit Puderzucker. Ergänzen Sie den Teig nach Belieben und Verträglichkeit mit verschiedenen weiteren Zutaten.

Apfelwaffeln

Zutaten:

200 g Roggenmehl, 160 g Zucker, 4 Äpfel, 4 Eier, 1 Prise Salz, 50 g Speisestärke, 1 Tüte Vanillezucker, 20 ml Dosenmilch, 30 ml Milch,1 TL Weinsteinpulver

Etwas Butter oder Margarine zum Einfetten des Waffeleisens.

Zubereitung:

Schlagen Sie die Butter mit dem Vanillezucker und Zucker schaumig. Fügen Sie dann die Eier mit dem Salz, der Dosenmilch und Milch hinzu. Rühren Sie dann das mit dem Weinsteinpulver und der Speisestärke vermischte Mehl langsam unter die Eiermasse.

Schälen Sie die Äpfel, schneiden Sie sie in Viertel und entfernen das Gehäuse. Raspeln Sie die Apfelstücke nun in den Teig und rühren diesen kräftig um. Heizen Sie das Waffeleisen vor, und fetten Sie es vor dem Abbacken jeder Waffel ausreichend ein. Pro Waffel geben Sie ca. 3 EL Teig auf das Waffeleisen und backen die Waffeln nacheinander goldbraun.

Bestäuben Sie die fertigen Waffeln vor dem Servieren mit Puderzucker. Wenn Sie mögen, reichen Sie dazu Vanilleeis und Schlagsahne.

Mandelwaffeln

Zutaten:

Teig: 200 g Butter, 75 g Zucker, 1 Tüte Vanillezucker, 3 Eier, 150 g Roggenmehl, 1 TL Backpulver, 75 g geriebene Mandeln

Etwas Butter oder Margarine zum Einfetten des Waffeleisens.

Etwas Puderzucker zum Bestreuen.

Zubereitung:

Rühren Sie die Butter, den Zucker und Vanillezucker schaumig. Geben Sie nacheinander die Eier und das mit Backpulver gemischte Mehl hinzu, und rühren Sie dies unter. Fügen Sie zuletzt die geriebenen Mandeln hinzu.

Heizen Sie das Waffeleisen vor, und fetten Sie es vor dem Abbacken jeder Waffel ausreichend ein. Pro Waffel geben Sie ca. 3 EL Teig auf das Waffeleisen und backen die Waffeln nacheinander goldbraun. Besieben Sie die Waffeln vor dem Servieren mit Puderzucker.

Quarkwaffeln

Zutaten:

250 g Roggenmehl, 250 g Zucker, 4 Eier, 1 Tüte Vanillezucker, 30 ml Dosenmilch, 250 g Quark, Butter zum Einfetten des Waffeleisens

Zubereitung:

Schlagen Sie die Butter mit dem Vanillezucker und Zucker schaumig. Geben Sie dann langsam den Quark und die Eier hinzu, und vermengen Sie alles. Sieben Sie das Mehl hinzu und mixen alles zu einem Teig.

Heizen Sie das Waffeleisen vor, und fetten Sie es vor dem Abbacken jeder Waffel ausreichend ein. Pro Waffel geben Sie ca. 3 EL Teig auf das Waffeleisen und backen die Waffeln nacheinander goldbraun.

Buchweizen-Sahnewaffeln

Zutaten:

Teig: 250 g Buchweizenmehl, 250 g Sahne, 50 g Zucker, 125 g Butter

Dekoration: 30 g Zucker, 50 g Butter, ½ TL Zimt

Etwas Butter oder Margarine zum Einfetten des Waffeleisens

Zubereitung:

Sie geben die Teigzutaten in eine Schüssel und vermengen alles zu einem Rührteig.

Heizen Sie das Waffeleisen vor, und fetten Sie es vor dem Abbacken jeder Waffel ausreichend ein. Pro Waffel geben Sie ca. 3 EL Teig auf das Waffeleisen und backen die Waffeln nacheinander goldbraun.

Schmelzen Sie die Butter, träufeln Sie diese etwas auf die fertigen Waffeln.

Mischen Sie den Zucker mit dem Zimt und streuen diesen auf die noch warme Waffel. Servieren Sie die warmen Waffeln sofort.

Vanillewaffeln

Zutaten:

150 g Roggenmehl, 100 ml Sahne, ausgeschabtes Mark aus 2 Vanilleschoten, 1 EL Wasser, 3 Eier

Etwas Butter oder Margarine zum Einfetten des Waffeleisens, etwas Puderzucker zum Bestäuben.

Zubereitung:

Verrühren Sie das Eigelb mit dem Mark aus der Vanilleschote, dem EL Wasser und der Sahne. Sieben Sie dann das Mehl darüber und verrühren Sie die Teigmasse. Schlagen Sie das Eiweiß schaumig und heben dieses unter den Teig. Heizen Sie das Waffeleisen vor, und fetten Sie es vor dem Abbacken jeder Waffel ausreichend ein. Pro Waffel geben Sie ca. 3 EL Teig auf das Waffeleisen und backen die Waffeln nacheinander goldbraun. Bestäuben Sie die fertigen Waffeln vor dem Servieren mit Puderzucker.

Vanillewaffeln mit Aprikosen und Eis

Zutaten:

Teig: 200 g Roggenmehl, 50 g Zucker, 2 TL Backpulver, 150 g Butter, 2 Tüten Vanillezucker, ausgeschabtes Mark aus 2 Vanilleschoten, 4 Eier, 1 Prise Salz

Beilage: 1/8 Liter lauwarmes Wasser, 800 g frische Aprikosen, 500 ml Vanilleeis, 7 EL Aprikosenmarmelade

Zubereitung:

Mischen Sie aus den Teigzutaten einen Rührteig.
Heizen Sie das Waffeleisen vor, und fetten Sie es vor dem Abbacken jeder Waffel ausreichend ein. Pro Waffel geben Sie ca. 3 EL Teig auf das Waffeleisen und backen die Waffeln nacheinander goldbraun.

Sie reinigen die Aprikosen und schneiden diese in 2 Hälften, um die Kerne zu entfernen. Dünsten Sie die Aprikosenhälften ca. 10 Minuten an.

Servieren Sie die Waffeln im warmen Zustand, und dekorieren diese mit jeweils 3 Aprikosenhälften und einer Kugel Vanilleeis. Geben Sie die zuvor erwärmte Marmelade auf das Eis.

Waffeln mit Heidelbeerquark

Zutaten für 4 Waffeln:

1 EL Butter, 125 g Roggenmehl, 1 Ei, 3 TL Weinsteinpulver, 40 g Zucker, 250 g frische Milch, 2 Prisen Salz, 150 g Magerquark, 1 EL Butter, 120 g Heidelbeeren, ½ Tasse Puderzucker

Etwas Butter oder Margarine zum Einfetten des Waffeleisens.

Zubereitung:

Vermischen Sie das Mehl, das Weinsteinpulver und die Butter zu einem Teig. Trennen Sie das Ei, und schlagen Sie das Eiweiß mit dem Salz zu einem steifen Eischnee. Schlagen Sie jetzt das Eigelb schaumig, und vermengen Sie es mit der Milch und dem Zucker. Anschließend verrühren Sie die Eiermilch mit dem Teig, und heben Sie dann den Eischnee vorsichtig unter.

Heizen Sie das Waffeleisen vor, und fetten Sie es vor dem Abbacken jeder Waffel ausreichend ein. Pro Waffel geben Sie ca. 3 EL Teig auf das Waffeleisen und backen die Waffeln nacheinander goldbraun.

Verrühren Sie den Magerquark mit den Heidelbeeren und servieren diese Creme als Beilage zur Waffel. Sobald Sie die Waffel auf dem Teller hergerichtet haben, bestreuen Sie die Waffel und die Heidelbeercreme mit Puderzucker.

Tipp: Wenn Sie die 4 Waffeln nicht auf einmal zubereiten möchten, frieren Sie sie portionsweise ein. Ein kurzes Aufbacken im Backofen genügt, um sie schnell aufzutauen. Bereiten Sie entsprechend weniger Heidelbeerquark zu, indem Sie beispielsweise die angegebenen Zutatenmengen halbieren.

Waffeln ohne Ei

Zutaten:

500 g Roggenmehl, 250 g Margarine, 0,5 Liter Wasser mit Kohlensäure, 1 Tüte Vanillezucker, 1 Prise Natron, 150 g Zucker, 50 g Honig, 1 Tüte Backpulver

Etwas Puderzucker zum Bestäuben und beliebige Marmelade als Beilage.

Etwas Butter oder Margarine zum Einfetten des Waffeleisens.

Zubereitung:

Schlagen Sie die Margarine mit dem Zucker, Honig, Vanillezucker und Natron schaumig. Geben Sie dann das Mehl mit dem Backpulver zu. Verrühren Sie alles gründlich und mixen dann das Wasser hinzu. Vermengen Sie alles zu einem Teig. Lassen Sie den Teig ca. 15 Minuten lang ziehen und decken ihn ab.

Heizen Sie das Waffeleisen vor, und fetten Sie es vor dem Abbacken jeder Waffel ausreichend ein. Pro Waffel geben Sie ca. 3 EL Teig auf das Waffeleisen und backen die Waffeln nacheinander goldbraun.
Bestäuben Sie die fertigen Waffeln vor dem Servieren mit Puderzucker. Reichen Sie dazu eine beliebige bzw. verträgliche Marmelade.

Kokoswaffeln

Zutaten:

250 g Butter, 180 g Zucker, 100 g Kokosflocken, 5 EL Zitronensaft, 2 Tüten Vanillezucker, 1 Tüte Weinsteinpulver, 5 Eier, 5 EL, 250 ml Wasser, 1 Prise Salz

Etwas Butter oder Margarine zum Einfetten des Waffeleisens.

Zubereitung:

Schmelzen Sie die Butter in einem Topf, und lassen Sie diese anschließend etwas abkühlen. Vermischen Sie das Roggenmehl mit den Kokosflocken und dem Weinsteinpulver. Verquirlen Sie die Eier mit dem Vanillezucker, Zucker, Zitronensaft und Salz. Geben Sie dann die geschmolzene Butter hinzu und rühren das Wasser unter. Vermengen Sie alles zu einem cremigen Teig, den Sie dann für ca. 2 Stunden zum Erkalten in den Kühlschrank stellen.

Heizen Sie das Waffeleisen vor, und fetten Sie es vor dem Abbacken jeder Waffel ausreichend ein. Pro Waffel geben Sie ca. 3 EL Teig auf das Waffeleisen und backen die Waffeln nacheinander goldbraun.

Belgische Waffeln

Zutaten:

500 g Roggenmehl, 250 g Butter, 400 ml Milch, 5 Eier, 200 g Zucker, 2 Tüten Vanillezucker, 1 Tüte Backpulver
Etwas Butter oder Margarine zum Einfetten des Waffeleisens.

Zubereitung:

Schlagen Sie die Butter schaumig und geben die Eier, den Vanillezucker und Zucker hinzu. Mischen Sie das Roggenmehl mit dem Backpulver und fügen es dann zu der Eiermasse hinzu. Geben Sie dann die Milch hinzu und verrühren alle Zutaten zu einem cremigen Teig.

Heizen Sie das Waffeleisen vor, und fetten Sie es vor dem Abbacken jeder Waffel ausreichend ein. Pro Waffel geben Sie ca. 3 EL Teig auf das Waffeleisen und backen die Waffeln nacheinander goldbraun.

Haferflockenwaffeln

Zutaten für 12 Waffeln:

250 g zarte Haferflocken, 200 g Butter, 500 ml Milch, 4 Eier, etwas Salz, 4 EL Zucker

Etwas Butter oder Margarine zum Einfetten des Waffeleisens.

Zubereitung:

Vermischen Sie die Haferflocken mit der Milch und lassen dies über Nacht quellen. Am nächsten Tag geben Sie die restlichen Zutaten hinzu und verrühren diese gleichmäßig. Heizen Sie das Waffeleisen vor, und fetten Sie es vor dem Abbacken jeder Waffel ausreichend ein. Pro Waffel geben Sie ca. 3 EL Teig auf das Waffeleisen und backen nun die Waffeln nacheinander goldbraun.

Maiswaffeln

Zutaten:

400 g Maismehl, 100 g Roggenmehl, 100 ml Sahne, 50 g Butter, 1 T Salz, ca. 200 ml Wasser

Etwas Butter zum Einfetten des Waffeleisens.

Zubereitung:

Vermischen Sie das Mehl mit der Sahne, Butter, dem Salz und Wasser. Lassen Sie den fertigen Teig ca. 30 Minuten lang ziehen. Heizen Sie das Waffeleisen vor, und fetten Sie es vor dem Abbacken jeder Waffel ausreichend ein.

Pro Waffel geben Sie ca. 3 EL Teig auf das Waffeleisen und backen nun die Waffeln nacheinander goldbraun. Wenn Sie mögen, servieren Sie die Waffeln mit einem selbst gemachten Kräuterquark.

Kartoffel-Zucchini-Waffeln

Zutaten:

400 g mehligkochende Pellkartoffeln, 100 g Roggenmehl, 2 Knoblauchzehen, 3 Eier, 100 g Zucchini, je 75 g Margarine und Magerquark, je 1 Prise Salz und Pfeffer

Etwas Butter oder Margarine zum Einfetten des Waffeleisens.

Zubereitung:

Kochen Sie die Kartoffeln ca. 35 Minuten lang, und pellen Sie sie anschließend ab. Lassen Sie sie dann abkühlen und drücken die Kartoffeln danach durch eine Presse. Sie reinigen die Zucchini, schneiden sie in kleine Würfel, und dünsten sie ca. 15 Minuten lang. Hacken Sie die Knoblauchzehen fein.

Während die Kartoffeln und Zucchini abkühlen, schlagen Sie die Eier mit der Margarine schaumig. Geben Sie dann die vorbereitete Kartoffelmasse und die gedünsteten Zucchini hinzu und ergänzen den Teig mit dem Mehl, Quark und Knoblauch. Verrühren Sie alles zu einem Teig und schmecken diesen mit Pfeffer und Salz ab.

Heizen Sie das Waffeleisen vor, und fetten Sie es vor dem Abbacken jeder Waffel ausreichend ein. Pro Waffel geben Sie ca. 3 EL Teig auf das Waffeleisen und backen die Waffeln nacheinander goldbraun.

Kartoffel-Zwiebel-Waffeln

Zutaten:

500 g mehlig kochende Pellkartoffeln, 100 g Roggenmehl, 1 Knoblauchzehe, 2 Zwiebeln, 1 Ei, etwas Paprikapulver, 1 Prise Salz, 3 EL Dosenmilch, 4 EL fein gehackte frische Kräuter nach Wahl

Etwas Butter zum Einfetten des Waffeleisens.

Zubereitung:

Waschen, schälen und raspeln Sie die Kartoffeln. Schälen Sie die Zwiebeln, und schneiden sie Sie in feine Würfel. Die Kartoffeln werden mit dem Ei, Mehl, den Gewürzen, Kräutern und der Dosenmilch verrührt. Heizen Sie das Waffeleisen vor, und fetten Sie es vor dem Abbacken jeder Waffel ausreichend ein. Pro Waffel geben Sie ca. 3 EL Teig auf das Waffeleisen und backen die Waffeln nacheinander goldbraun.

Käsewaffeln

Zutaten:

250 g Roggenmehl, 75 g Frischkäse, 1 TL Backpulver, 2 Eier, 250 ml Milch, ½ TL Salz

Etwas Butter oder Margarine zum Einfetten des Waffeleisens.

Zubereitung:

Mischen Sie das Roggenmehl mit dem Backpulver. Geben Sie dann die Eier, den Frischkäse und das Salz hinzu. Verrühren Sie alle Zutaten zu einem Teig, und lassen Sie ihn ca. 20 Minuten lang ziehen. Heizen Sie das Waffeleisen vor, und fetten Sie es vor dem Abbacken jeder Waffel ausreichend ein. Pro Waffel geben Sie ca. 3 EL Teig auf das Waffeleisen und backen die Waffeln nacheinander goldbraun.

Reiswaffeln pikant

Zutaten:

12 EL gekochter Reis, 2 Eier, 250 ml Reismilch, 2 EL Roggenmehl, ½ TL Backpulver, 1 Prise Salz, 1 Prise Zucker, 1 Prise Paprikapulver, etwas Butter oder Margarine zum Einfetten des Waffeleisens

Zubereitung:

Vermengen Sie die Eier mit der Reismilch und dem Mehl. Geben Sie dann den gekochten Reis, das Salz, Paprikapulver und Backpulver hinzu. Mixen Sie alles zu einem Teig. Wenn er noch nicht cremig genug ist, geben Sie noch etwas Reismilch oder Wasser hinzu. Heizen Sie das Waffeleisen vor, und fetten Sie es vor dem Abbacken jeder Waffel ausreichend ein. Pro Waffel geben Sie ca. 3 EL Teig auf das Waffeleisen und backen die Waffeln nacheinander goldbraun.

Roggen-Haferwaffeln pikant

Zutaten:

100 g Roggenmehl, 100 g Butter, 3 Eier, 10 ml Dosenmilch, 60 g Haferflocken, 1 TL Weinsteinpulver, 1 Prise Salz, 1 Prise Zucker, 1 Prise Pfeffer

Etwas Butter oder Margarine zum Einfetten des Waffeleisens.

Zubereitung:

Vermischen Sie das Mehl mit dem Weinsteinpulver. Schlagen Sie die Eier mit der Butter schaumig. Geben Sie die Mehlmischung zu der Eiermasse und fügen die Haferflocken und den Zucker hinzu. Vermengen Sie alles zu einem glatten Teig, und schmecken Sie ihn dann mit Salz und Pfeffer ab.

Heizen Sie das Waffeleisen vor, und fetten Sie es vor dem Abbacken jeder Waffel ausreichend ein. Pro Waffel geben Sie ca. 3 EL Teig auf das Waffeleisen und backen die Waffeln nacheinander goldbraun.

Kräuterwaffeln

Zutaten:

300 g Roggenmehl, 200 g Butter, 2 TL Backpulver, Rosenpaprika, 1 Prise Salz, 1/8 l lauwarmes Wasser, 4 Eigelb, 80 g zerkleinerter Butterkäse und jeweils ½ EL gehackte Petersilie, Schnittlauch und Dill, zusätzlich 4 Eiweiß, etwas Butter zum Einfetten des Waffeleisens.

Zubereitung:

Alle Zutaten bis auf das Eiweiß werden mit einem Mixer zu einem Rührteig vermischt. Anschließend wird das steif geschlagene Eiweiß untergehoben. Heizen Sie das Waffeleisen vor, und fetten Sie es vor dem Abbacken jeder Waffel ausreichend ein. Pro Waffel geben Sie ca. 3 EL Teig auf das Waffeleisen und backen die Waffeln nacheinander goldbraun.

Süßliche Frischkäsewaffeln

Zutaten:

200 g Roggenmehl, 200 Butter, 4 Eier, ½ Tasse Sahne, 130 g Zucker, 200 g Frischkäse, 1 Prise Salz, etwas Butter oder Margarine zum Einfetten des Waffeleisens

Zubereitung:

Geben Sie alle Zutaten in eine Schüssel, und vermischen Sie sie zu einem cremigen Teig.

Heizen Sie das Waffeleisen vor, und fetten Sie es vor dem Abbacken jeder Waffel ausreichend ein. Pro Waffel geben Sie ca. 3 EL Teig auf das Waffeleisen und backen die Waffeln nacheinander goldbraun.

Muffins

Tolle Tipps für Ihre Muffins

- Muffins eignen sich hervorragend zum Herumexperimentieren, sie sind ideal für unterwegs, lassen sich gut einfrieren und bringen durch ihre unendlichen Variationsmöglichkeiten sehr viel Abwechslung in die sonst sehr eingeschränkte Küche bei einer Histaminintoleranz.

- Für besondere Zwecke legen Sie Papierförmchen in Ihre Muffinbackform, denn so sehen die gebackenen Muffins dekorativer aus.

- Oder auch wenn Sie keine Muffinbackform haben, nehmen Sie Papierförmchen, und befüllen Sie diese mit dem Teig. Stellen Sie die gefüllten Papierförmchen einfach zum Backen auf Ihr normales Backblech.

- Um die Muffins leichter aus der Backform zu lösen, stellen Sie dieses einige Minuten auf ein feuchtes Küchentuch.

- Viele Muffins schmecken mit einem Klecks Butter in der Mitte besonders gut.

- Dekorieren Sie die Muffins mit kleinen Sonnenschirmchen oder Länderflaggen. Wenn Sie z. B. ein amerikanisches Barbecue planen, machen sich mit einer kleinen USA-Flagge dekorierte Muffins als Nachtisch besonders gut.

- Wenn Sie die Muffins für einen Kindergeburtstag dekorieren möchten, kaufen Sie kleine fertige Zuckerfiguren. Achten Sie aber auf deren Inhaltsstoffe, um keine unliebsamen Überraschungen zu erleben.

- Öffnen Sie die Backofentür nicht vorzeitig, weil sonst die Gefahr besteht, dass der Teig in sich zusammenfällt.

Muffin-Basisrezept herzhaft

Zutaten für 12 Muffins:

150 g Roggenmehl, 140 ml Milch, 2 TL Backpulver, 2 EL Sonnenblumenöl, 2 Eier, 1 Prise Salz

Zubereitung:

Geben Sie alle Zutaten in eine Schüssel, und verrühren Sie sie zu einem Teig. Füllen Sie den Teig jeweils zu ¾ in die eingefetteten Vertiefungen Ihrer Muffinform. Schieben Sie die Backform in den vorgeheizten Backofen, und backen Sie die Muffins ca. 20 Minuten lang bei 180 °C.

Verfeinern Sie dieses Basisrezept ganz nach Ihren Vorlieben und Verträglichkeiten. Ergänzen Sie beispielsweise Ihre Lieblingskräuter und verträgliche Käse-, Wurst- und Konfitüresorten.

Muffin-Basisrezept süß

Zutaten für 12 Muffins:

150 g Roggenmehl, 140 ml Milch, 2 TL Backpulver, 2 EL Sonnenblumenöl, 2 Eier, 1 Prise Salz, 2 EL Zucker

Zubereitung:

Geben Sie alle Zutaten in eine Schüssel, und verrühren Sie sie zu einem Teig. Füllen Sie den Muffinteig jeweils zu ¾ in die eingefetteten Vertiefungen Ihrer Muffin-Backform. Schieben Sie die Backform in den vorgeheizten Backofen, und backen Sie die Muffins ca. 20 Minuten lang bei 180 °C. Verfeinern Sie dieses Basisrezept ganz nach Ihren Vorlieben und

Verträglichkeiten. Bestreuen Sie die Muffins z. B. mit Puderzucker, oder bestreichen Sie sie mit einer beliebigen Glasur.

Apfel-Heidelbeer-Muffins mit Streuseln

Zutaten:

Teig: 120 g Äpfel, 100 g Heidelbeeren (frisch oder tiefgefroren), 260 g Roggenmehl, 4 TL Backpulver, ½ TL Zimt, 120 g Zucker, 250 ml Milch, 80 ml Maiskeimöl

Streusel: 70 g Roggenmehl, 40 g Zucker, 60 g Butter, 1 TL Zimt

Zubereitung:

Vermengen Sie das Mehl mit dem Backpulver und Zimt. Schälen Sie die Äpfel, entfernen Sie das Kernghäuse, und schneiden Sie kleine Apfelstückchen. Geben Sie diese dann zu der Mehlmasse, und verrühren Sie alles.

In einer anderen Schüssel verquirlen Sie das Ei und geben dann die Milch, den Zucker und das Maiskeimöl hinzu. Verrühren Sie alles gründlich und geben dann die Mehlmasse hinzu. Rühren Sie solange, bis der Teig cremig ist. Heben Sie zum Schluss die Heidelbeeren unter den Teig.

Vermischen Sie die Streuselzutaten in einer weiteren Schüssel zu einem Knetteig.

Füllen Sie den Muffinteig jeweils zu ¾ in die eingefetteten Vertiefungen Ihrer Muffin-Backform. Auf jeden Muffin geben Sie dann etwas von der Streuselmasse.
Schieben Sie die Backform in den vorgeheizten Backofen, und backen Sie die Muffins ca. 20 Minuten lang bei 180 °C.

Aprikosenmuffins

Zutaten:

250 g Aprikosen (frisch oder tiefgefroren), 230 g Roggenmehl, 1 TL Zimt, ½ TL Natron, 2 TL Backpulver, 4 EL Aprikosenmarmelade, 120 g Zucker, 200 ml Milch, 40 ml Dosenmilch, 80 ml Maiskeimöl, Saft von einer ½ Zitrone, ½ Tasse Puderzucker

Zubereitung:

Vermischen Sie das Mehl mit dem Backpulver, Natron und Zimt. In einer separaten Schüssel verquirlen Sie zunächst das Ei und geben dann den Zucker, die Milch, Dosenmilch, die Aprikosenmarmelade und das Öl hinzu.

Sie reinigen die Aprikosen, entfernen die Kerne und schneiden das Fruchtfleisch in kleine Stücke. Geben Sie die Aprikosenstücke zu der Milchmasse, und vermischen Sie alles. Geben Sie dann die Mehlmischung zu der Milchmasse und vermengen Sie alles zu einem gleichmäßigen Teig. Geben Sie den Teig zu ¾ in die eingefetteten Vertiefungen des Muffinblechs. Backen Sie dieses im vorgeheizten Backofen bei 180 °C ca. 20 Minuten lang. Entfernen Sie danach die Muffins aus der Backform, lassen Sie diese auf einem Backblech abkühlen, und bestreichen Sie sie mit dem angerührten Puderzucker.

Dinkelmuffins

Zutaten:

Teig: 240 g Dinkelmehl, 200 ml Milch, 3 TL Backpulver, 1 Ei, 60 ml Sonnenblumenöl, 2 EL Zucker, 50 ml Reissirup, 1 Prise Salz

Belag: 130 g Puderzucker, 2 EL Reissirup

Zubereitung:

Vermengen Sie die Teigzutaten, und füllen Sie den fertigen Teig in die eingefetteten Vertiefungen der Muffinform jeweils bis zur Hälfte. Geben Sie das Backblech in den vorgeheizten Backofen, und backen Sie es ca. 20 Minuten bei 200 °C. Lassen Sie die Muffins in der Form auskühlen. Legen Sie sie anschließend auf ein Kuchengitter, und bepinseln Sie sie mit dem flüssigen Puderzucker, den Sie zuvor mit dem Reissirup vermengt haben.

Hafer-Schnittlauch-Muffins

Zutaten:

160 g feine Haferflocken, 2 EL gehackter Schnittlauch, 2 Eier, 2 EL Sonnenblumenöl, 60 g Roggenmehl, 240 ml Hafermilch, 1 EL kleingehackte Ingwerstückchen, 2 TL Backpulver, 1 Prise Salz, 20 g Frischkäse

Zubereitung:

Verrühren Sie die Haferflocken mit der Hafermilch, und lassen Sie diese Mischung anschliessend 10 Minuten lang aufquellen. Vermischen Sie währenddessen das Mehl mit dem Backpulver, Salz und Frischkäse. Geben Sie dann das Öl mit den Ingwerstückchen, dem Ei und Schnittlauch zu der Hafermilchmischung. Fügen Sie jetzt auch die Mehlmischung hinzu, und rühren Sie mit einem Kochlöffel so lange, bis alles als ein Teig miteinander verbunden ist.

Füllen Sie den Teig in eine gründlich gefettete Muffinform, und backen Sie diese ca. 20 Minuten lang bei 180 °C.

Heidelbeer-Muffins

Zutaten:

Teig: 100 ml Sahne, 100 g Heidelbeeren (frisch oder tiefgefroren), 80 g Zucker, 80 g Sonnenblumenöl, 70 ml Milch, 2 Eier, 200 g Roggenmehl

Streusel: 60 g Butter, 4 EL Roggenmehl, ¼ TL Zimt, 4 EL Zucker

Zubereitung:

Verrühren Sie die Sahne zusammen mit der Milch, dem Zucker, Ei und Öl. Mischen Sie dann das Mehl mit dem Backpulver und Salz. Geben Sie danach alles in eine Schüssel, und rühren Sie so lange, bis ein cremiger Teig entstanden ist. Heben Sie dann die Heidelbeeren unter. Fetten Sie die Muffinform, und füllen Sie den Teig hinein. Verkneten Sie die Streusel-zutaten und bröseln Sie diese mit der Hand auf die Muffins. Backen Sie die Muffins ca. 20 Minuten lang bei 180 °C.

Heidelbeer-Muffins mit Haferflocken

Zutaten:

200 g Heidelbeeren (frisch oder tiefgefroren), 80 ml Maiskeimöl, 2 TL Weinsteinpulver, 30 g feine Haferflocken, 120 g Zucker, 230 ml Milch, ½ TL Natron, 1 Ei, 250 g Roggenmehl

Zubereitung:

Vermischen Sie das Mehl mit den Haferflocken, dem Weinsteinpulver, Natron und Zucker. In einer anderen Schüssel verquirlen Sie das Ei und fügen dann das Öl und die Milch hinzu. Nachdem Sie alles verrührt haben, geben Sie die Mehlmischung hinzu und vermixen alles zu einem cremigen Teig. Geben Sie zum Schluss die Heidelbeeren hinzu.

Füllen Sie den Muffinteig jeweils zu ¾ in die eingefetteten Vertiefungen Ihrer Muffinform. Schieben Sie diese in den vorgeheizten Backofen, und backen Sie die Muffins ca. 20 Minuten lang bei 180 °C.

Johannisbeermuffins

Zutaten:

280 g Roggenmehl, 50 g Zucker, 280 g Magerquark, 50 ml Milch, 120 g Johannisbeermarmelade, 60 g Butter, 1 Prise Salz, 1 Ei, 1 Tüte Vanillezucker, 1 Prise Natron, 1 Tüte Weinsteinpulver, etwas Puderzucker

Zubereitung:

Sieben Sie das Mehl in eine Schüssel, und vermischen Sie es mit dem Zucker, Natron, Salz, Weinsteinpulver und Vanillezucker.

Zerlassen Sie die Butter, und verrühren Sie diese anschließend mit dem Ei, der Milch und dem Quark. Mischen Sie die Buttercreme jetzt mit der Mehlmischung, und rühren Sie so lange, bis Sie einen glatten Teig bekommen haben.

Geben Sie nun den Teig in die zuvor eingefettete Muffinform, und setzen Sie mit einem Teelöffel auf jede Teigfüllung einen Klecks Johannisbeermarmelade. Dann verteilen Sie gleichmäßig die die restliche Teigmenge darüber.

Geben Sie die Muffinform in den vorgewärmten Backofen und backen diese ca. 20 Minuten lang bei 180 °C. Sobald die Muffins abgekühlt sind, bestäuben Sie sie mit dem Puderzucker.

Käse-Schnittlauch-Muffins

Zutaten:

260 g Roggenmehl, 2 TL Backpulver, 250 g Frischkäse, 80 ml Maiskeimöl, 20 ml Dosenmilch, 100 ml Milch , ½ TL Natron, 120 g Zucker, 1 Bund Schnittlauch, 1 Ei

Zubereitung:

Vermischen Sie das Mehl mit dem Backpulver, Salz und Natron. Hacken Sie den Schnittlauch in kleine Stückchen.

Verrühren Sie das Ei in einer separaten Schüssel und geben dann die Milch, Dosenmilch, den Frischkäse, das Öl und den Zucker hinzu. Mischen Sie nun die Mehlmasse unter, verrühren Sie alles und heben anschließend die Hälfte des zerkleinerten Schnittlauchs unter.

Füllen Sie den Muffinteig jeweils zu ¾ in die eingefetteten Vertiefungen Ihrer Muffin-Backform.

Schieben Sie die Backform in den vorgeheizten Backofen, und backen Sie die Muffins ca. 20 Minuten lang bei 180 °C.

Bestreuen Sie anschließend die Muffins mit den restlichen Schnittlauchstückchen.

Kürbis-Muffins

Zutaten:

260 g Roggenmehl, 450 g Kürbis, 80 ml Maiskeimöl, 1 TL Zimt, ¼ TL gemahlener Ingwer, 140 g Zucker, 1 TL Natron, 2 TL Weinsteinpulver, 10 ml Dosenmilch

Zubereitung:

Mischen Sie das Mehl mit dem Weinsteinpulver, Zimt, Zucker, gemahlenen Ingwer und Natron.

Höhlen Sie einen mittelgroßen Kürbis aus, und entfernen Sie die Kerne. Schneiden Sie das Fruchtfleisch in kleine Stückchen, und dünsten Sie diese kurz an. Pürieren Sie das Fruchtfleisch anschließend, und messen Sie 450 g Kürbisfruchtfleisch ab. Dieses geben Sie jetzt in eine große Schüssel und vermengen es mit dem Maiskeimöl, der Dosenmilch und der vorbereiteten Mehlmasse.

Füllen Sie den Muffinteig jeweils zu ¾ in die eingefetteten Vertiefungen Ihrer Muffin-Backform.

Schieben Sie die Backform in den vorgeheizten Backofen, und backen Sie die Muffins ca. 20 Minuten lang bei 180 °C.

Maisflakes-Apfel-Muffins

Zutaten:

200 g Maisflakes, 100 g Maismehl, 100 g Roggenmehl, 2 Äpfel, 100 g Butter,100 g geraspelte Mandeln, 150 ml Milch, 2 TL Weinsteinpulver, 70 g Zucker, 1 Ei

Zubereitung:

Geben Sie die Maisflakes in eine Schüssel, und zerbröseln Sie die Flakes mit einer Gabel. Fügen Sie dann die Butter, Milch und das Ei hinzu, und vermengen Sie alles. Dann ergänzen Sie das Mehl, den Zucker und das Weinsteinpulver und mixen alles zu einem Teig. Füllen Sie den Teig jeweils zu ¾ in die zuvor eingefettete Muffinform. Schieben Sie das Backblech in den vorgeheizten Backofen, und backen Sie die Muffins ca. 20 Minuten lang bei 180 °C.

Maisgrieß-Muffins

Zutaten:

220 g Maisgrieß, 50 g Roggenmehl, ¼ Liter Milch, 50 g Butter, 1 TL Natron, 1 EL Zucker, 2 TL Back-pulver, 2 Eier

Zubereitung:

Kochen Sie die Milch auf, und vermengen Sie diese anschließend mit dem Maisgrieß. Lassen Sie den Gries anschließend 10 Minuten lang zugedeckt aufquellen.

Vermengen Sie inzwischen das Mehl mit dem Backpulver, Natron und dem Zucker. Geben Sie diese Mischung dann zu dem Maisgrieß und mixen alles. Geben Sie nun die Eier und die Butter hinzu, und verrühren Sie alles zu einem Teig.

Füllen Sie den Muffinteig jeweils zu ¾ in die eingefetteten Vertiefungen Ihrer Muffin-Backform. Schieben Sie die Backform in den vorgeheizten Backofen, und backen Sie die Muffins ca. 20 Minuten lang bei 180 °C.

Servieren Sie die Muffins sofort, denn warm und mit etwas Butter bestrichen schmecken sie am besten.

Möhren-Apfel-Muffins

Zutaten:

200 g Roggenmehl, 50 g Maisflakes, 1 geriebener Apfel, ½ TL Natron, 60 g geraspelte Möhren, 2 TL Backpulver, 100 g Zucker, 50 ml Maiskeimöl, 1 Ei, 150 ml Milch, 30 ml Dosenmilch, etwas Puderzucker, 1 Prise Zimt

Zubereitung:

Geben Sie die Maisflakes in eine Schüssel, und zerbröseln Sie die Flakes mit einer Gabel. Fügen Sie dann das Mehl, Backpulver und Natron hinzu. Vermengen Sie alles und ergänzen dann die geraspelten Möhren und den geriebenen Apfel.

Verquirlen Sie in einer separaten Schüssel das Ei. Geben Sie dann das Öl, die Milch, Dosenmilch und den Zucker hinzu, und verrühren Sie alles. Geben Sie dann die Mehlmischung hinzu und vermengen alles zu einem Teig.

Füllen Sie den Muffinteig jeweils zu ¾ in die eingefetteten Vertiefungen Ihrer Muffin-Backform. Schieben Sie die Backform in den vorgeheizten Backofen, und backen Sie die Muffins ca. 20 Minuten lang bei 180 °C.

Besieben Sie anschließend die abgekühlten Muffins mit Puderzucker und Zimt.

Möhren-Muffins

Zutaten:

170 g geraspelte Möhren, 150 g Zucker, 300 g Roggenmehl, 2 TL Backpulver, 1 Ei, 80 ml Maiskeimöl, 120 g gehackte Mandeln, ½ TL Natron, 350 ml Milch, etwas Puderzucker

Zubereitung.

Mischen Sie das Mehl mit dem Backpulver, Natron und Mandeln. In einer anderen Schüssel verquirlen Sie das Ei und geben dann das Öl, die Milch, den Zucker und die geraspelten Möhren hinzu. Vermischen Sie alles gleichmäßig und ergänzen dann die Mehlmischung. Mixen Sie alles zu einem cremigen Teig.

Füllen Sie den Muffinteig jeweils zu ¾ in die eingefetteten Vertiefungen Ihrer Muffin-Backform.

Schieben Sie die Backform in den vorgeheizten Backofen, und backen Sie die Muffins ca. 20 Minuten lang bei 180 °C. Besieben Sie anschliessend die abgekühlten Muffins mit Puderzucker.

Preiselbeer-Muffins klassisch

Zutaten:

300 g Roggenmehl, 3 TL Weinsteinpulver, 130 g Zucker, 80 ml Maiskeimöl, 200 ml Milch, 40 ml Dosenmilch, 1 Ei, 250 g Preiselbeeren (frisch oder tiefgefroren),

Zubereitung:

Vermischen Sie das Mehl mit dem Weinsteinpulver und dem Natron. In einer separaten Schüssel verquirlen Sie das Ei und vermengen dieses mit dem Maiskeimöl, der Dosenmilch, Milch und dem Zucker. Geben Sie dann die Mehlmasse hinzu, vermischen alles und heben anschließend die Preiselbeeren unter.

Füllen Sie den Muffinteig jeweils zu ¾ in die eingefetteten Vertiefungen Ihrer Muffin-Backform.

Schieben Sie die Backform in den vorgeheizten Backofen, und backen Sie die Muffins ca. 20 Minuten lang bei 180 °C.

Preiselbeermuffins und Mandeln

Zutaten:

200 g Dinkelmehl, 200 g Preiselbeeren (frisch oder tiefgefroren), 100 g Zucker, 3 Eier 40 g geriebene Mandeln, 150 g Butter, 4 TL Weinsteinpulver, 4 EL Milch

Zubereitung:

Geben Sie die Butter mit dem Zucker und Salz in eine Schüssel und rühren diese Zutaten cremig. Trennen Sie die Eier, und geben Sie die Eigelbe zu der Buttermasse. Fügen Sie nun das Mehl mit dem Weinsteinpulver, der Milch und den geriebenen Mandeln hinzu.

Füllen Sie den Teig jeweils zu 2/3 in die Vertiefungen der eingefetteten Muffinform. Backen Sie die Muffins ca. 20 Minuten lang bei 180 °C.
Währenddessen schlagen Sie das Eiweiß steif und verrühren dieses mit dem Zucker. Verteilen Sie nach den 20 Minuten Backzeit den Eischnee auf die Muffins und backen diese weitere 10 Minuten.

Rhabarber-Muffins

Zutaten:

200 g Rhabarber, 230 g Roggenmehl, 150 g Zucker, 80 ml Maiskeimöl, 280 ml Milch, 20 ml Dosenmilch, 1 TL Natron, 1 Ei, 2 TL Weinsteinpulver

Zubereitung:

Mischen Sie das Mehl mit Natron und dem Weinsteinpulver. In einer separaten Schüssel verquirlen Sie zunächst das Ei und geben dann die Milch, Dosenmilch, Öl und Zucker hinzu. Vermengen Sie alles gründlich, und fügen Sie dann die Mehlmasse hinzu.

Reinigen Sie den Rhabarber, und schneiden Sie ihn in kleine Stückchen. Mischen Sie diese nun unter den Teig.

Füllen Sie den Muffinteig jeweils zu ¾ in die eingefetteten Vertiefungen Ihrer Muffin-Backform. Schieben Sie die Backform in den vorgeheizten Backofen, und backen Sie die Muffins ca. 20 Minuten lang bei 180 °C.

Zimtmuffins

Zutaten:

200 g Roggenmehl, 150 g geraspelte Mandeln, 3 TL Zimt, 150 g Butter, 150 Magerquark, 120 g Zucker, 3 TL Weinsteinpulver, 50 g Speisestärke, 1 Ei, ½ TL Natron

Zubereitung:

Vermischen Sie das Mehl mit dem Weinsteinpulver, Natron, Zimt und den geraspelten Mandeln. Verquirlen Sie das Ei separat und rühren den Quark, Zucker und die Butter unter. Geben Sie dann die Mehlmischung hinzu und vermengen alles so lange, bis ein cremiger Teig entstanden ist. Füllen Sie den Teig in die gut eingefettete Muffinform und geben diese anschließend in den vorgeheizten Backofen. Bei 180 °C backen Sie die Muffins ca. 20 Minuten lang.

Donuts

Donuts natürlich

Zutaten:

500 g Roggenmehl, 50 g Butter, 200 g Zucker, 1/8 Liter Milch, 2 Eier, 5 EL Sahne, 1 Tüte Weinsteinpulver

Zubereitung:

Füllen Sie die Butter mit dem Zucker und den Eiern in eine Schüssel, und rühren Sie eine cremige Masse. Geben Sie dann das Mehl, Weinsteinpulver, die Sahne und Milch hinzu, und verrühren Sie alles zu einem cremigen Teig.

Füllen Sie den Teig in einen Spritzbeutel mit einer großen Lochtülle. Spritzen Sie den Teig jeweils zur Hälfte in die eingefetteten Vertiefungen der Donutform. Backen Sie die Form im vorgeheizten Backofen bei 180 °C für ca. 20 Minuten.

Marmeladen-Donut

Zutaten:

Teig: 240 g Roggenmehl, 6 EL Zucker, 5 EL Dosenmilch, 5 EL Marmelade (z. B. Johannisbeere, Heidelbeere, Aprikose), 2 EL Sonnenblumenöl, 2 Eier
Belag: etwas Puderzucker

Zubereitung:

Geben Sie alle Zutaten in eine Schüssel, und verrühren Sie alles zu einem Teig. Füllen Sie die eingefetteten Vertiefungen der Donutform jeweils bis zur Hälfte mit dem Teig.

Stellen Sie die Form in den vorgeheizten Backofen, und backen Sie die Donuts ca. 20 Minuten lang bei 160 °C.

Wenn Sie die Donuts aus der Backform entfernt haben, besieben Sie sie mit Puderzucker.

Vanilledonuts

Zutaten:

200 g Roggenmehl, 100 g Magerquark, 60 g Zucker, 2 Tüten Vanillezucker, ausgeschabtes Mark aus 2 Vanilleschoten, 3 TL Weinsteinpulver, 4 EL Sonnenblumenöl, 6 EL Milch, 3 EL Zitronensaft, 30 g Puderzucker, Kokosraspeln

Zubereitung:

Vermixen Sie das Mehl mit dem Weinsteinpulver und dem ausgeschabten Vanillemark.

Verrühren Sie in einer separaten Schüssel den Quark mit dem Vanillezucker, Zucker, Öl, Zitronensaft und der Milch. Fügen Sie diese Mischung dann der Quarkmasse zu, und mixen Sie alles gründlich.

Füllen Sie den Teig in einen Spritzbeutel mit einer großen Lochtülle. Spritzen Sie den Teig in die eingefetteten Vertiefungen des Donutblechs jeweils zur Hälfte.

Schieben Sie dann das Blech in den vorgeheizten Backofen, und backen Sie dieses bei 180 °C ca. 20 Minuten lang.

Nehmen Sie die Donuts aus der Form, sobald sie etwas abgekühlt sind. Legen Sie sie zum Erkalten auf ein Kuchengitter. Sie besieben die Donuts nun mit Puderzucker und bestäuben diese anschliessend mit Kokosraspeln.

Donuts mit Quark

Zutaten:

200 g Dinkelmehl, 100 g Magerquark, 10 EL Milch, 4 EL Sonnenblumenöl, 50 g Zucker, 6 TL Weinsteinpulver, 2 TL Zitronensaft, 1 Prise Salz, 1 Tüte Vanillezucker, 30 g Puderzucker

Zubereitung:

Geben Sie den Quark mit der Milch, dem Öl, Zitronensaft, Zucker und Vanillezucker in eine Schüssel, und verrühren Sie alles zu einer glatten Masse. Vermischen Sie in einer weiteren Schüssel das Mehl mit dem Weinsteinpulver und der Prise Salz. Vermengen Sie dies anschließend mit der Quarkmasse zu einem fertigen Teig.

Füllen Sie den Teig in einen Spritzbeutel mit einer großen Lochtülle. Spritzen Sie den Teig

dann jeweils zur Hälfte in die Vertiefungen des eingefetteten Donutblechs. Schieben Sie das Donutblech in den vorgeheizten Backofen und backen Sie die Donuts bei 180 °C ca. 20 Minuten lang, bis sie goldgelb geworden sind. Lösen Sie die Donuts sofort aus der Form, sobald Sie das Donutblech aus dem Backofen herausnehmen. Stülpen Sie hierfür das Donutblech kopfüber um. Legen Sie die Donuts zum Abkühlen auf einen Gitterrost. Sobald die Donuts abgekühlt sind, bestreichen Sie sie mit dem flüssigen Puderzucker.

Kokos-Donuts

Zutaten:

200 g Roggenmehl, 1 Ei, 80 g Kokosfett, 120 g Zucker, 10 g Kokosraspeln, 1 TL Salz, 120 ml Milch, etwas Puderzucker

Zubereitung:

Schlagen Sie das Ei mit der Milch, dem Zucker und Kokosfett schaumig. Geben Sie dann nach und nach das Mehl, Backpulver und Salz hinzu. Vermengen Sie alles zu einem cremigen Teig.

Füllen Sie den Teig in einen Spritzbeutel mit einer großen Lochtülle. Spritzen Sie den Teig dann jeweils zur Hälfte in die Vertiefungen des eingefetteten Donutblechs. Schieben Sie das Donutblech in den vorgeheizten Backofen, und backen Sie die Donuts bei 180 °C ca. 20 Minuten lang, bis sie goldgelb geworden sind.

Lösen Sie die Donuts sofort aus der Form, sobald Sie das Donutblech aus dem Backofen herausnehmen. Stülpen Sie hierfür das Donutblech kopfüber um. Legen Sie die Donuts zum Abkühlen auf einen Gitterrost. Sobald die Donuts abgekühlt sind, bestreichen Sie sie mit dem flüssigen Puderzucker.

Mandel-Donuts

Zutaten:

220 g Roggenmehl, 120 g Butter, 120 g gehackte Mandeln, 2 TL Backpulver, 2 EL Puderzucker, 2 Eier

Zubereitung:

Schlagen Sie die Eier mit der Butter, dem Zucker und den Eiern schaumig. Mischen Sie das Mehl mit dem Backpulver und den gehackten Mandeln, und fügen Sie diese Zutaten zu der Eiermasse. Rühren Sie alles zu einem cremigen Teig.

Füllen Sie den Teig dann jeweils zur Hälfte in die Vertiefungen des eingefetteten Donutblechs. Schieben Sie das Donutblech in den vorgeheizten Backofen, und backen Sie die Donuts bei 180 °C ca. 20 Minuten lang, bis sie goldgelb geworden sind. Legen Sie die Donuts zum Abkühlen auf ein Gitterrost. Sobald die Donuts abgekühlt sind, bestäuben Sie sie mit dem Puderzucker.

Apfel-Donuts

Zutaten:

220 g Roggenmehl, 220 g Äpfel, 80 g Butter, 50 ml Milch, 2 Eier, 2 EL Vanillezucker, 2 TL Backpulver, 2 TL Zimt, etwas Heidelbeerkonfitüre

Zubereitung:

Schlagen Sie die Butter mit den Eiern, dem Zucker, Vanillezucker und Zimt schaumig. Mischen Sie das Mehl mit dem Backpulver und fügen dies zusammen mit der Milch zu der Eiermasse. Schälen Sie die Äpfel, und schneiden Sie sie in kleine Stückchen. Rühren Sie sie langsam unter den Teig. Füllen Sie den Teig in die eingefettete Donutform. Schieben Sie diese in den vorgeheizten Backofen, und backen Sie die Donuts ca. 20 Minuten lang bei 180 °C, bis sie goldgelb geworden sind. Legen Sie die Donuts zum Abkühlen auf einen Gitterrost. Sobald die Donuts abgekühlt sind, dekorieren Sie sie mit etwas Heidelbeerkonfitüre.

Donuts aus der Pfanne

Zutaten:

250 g Roggenmehl, 1 Becher Schmand, 2 Eier, 3 EL Zucker, ½ TL Backpulver, etwas Puderzucker

Zubereitung:

Vermischen Sie die Eier mit dem Zucker und geben dann den Schmand hinzu. In einer weiteren Schüssel vermischen Sie das Mehl mit dem Backpulver und geben dies anschließend zu der Eiermasse. Kneten Sie den Teig zu einer Kugel und hüllen Sie sie in Frischhaltefolie ein. Stellen Sie den Teig für ca. 30 Minuten zum Erkalten in den Kühlschrank.

Rollen Sie den Teig auf einer mit Mehl ausgestäubten Arbeitsplatte aus. Stechen Sie mit einem Trinkglas Teigscheiben aus, und stechen Sie mit einem kleineren Glas einen Kreis aus der Mitte heraus.

Braten Sie die ausgestochenen Donuts in einer mit Öl erhitzten Pfanne goldbraun. Bestreuen Sie die Donuts direkt danach mit Puderzucker.

Donuts mit Kürbis

Zutaten:

350 g Roggenmehl, 200 g Kürbis, 120 ml Sonnenblumenöl, 50 g Zucker, 2 Eier, 4 TL Weinsteinpulver, 120 ml Milch, 30 g feine Haferflocken, 100 ml Sahne, ½ Bund Schnittlauch

Zubereitung:

Geben Sie bis auf den Kürbis alle angegebenen Zutaten in eine Schüssel, und verrühren Sie diese zu einem Teig. Schneiden Sie das Kürbisfruchtfleisch in kleine Stückchen, und heben Sie diese anschließend unter den Teig. Füllen Sie den Teig in einen Spritzbeutel mit einer großen Lochtülle.

Spritzen Sie den Teig jeweils zur Hälfte in die eingefetteten Vertiefungen der Donutform. Backen Sie die Donutform im vorgeheizten Backofen bei 160 °C für ca. 15 Minuten. Danach nehmen Sie die Form sofort aus dem Ofen und entfernen die Donuts aus der Backform.

Lassen Sie die Donuts auf einem Backblech abkühlen. Dekorieren Sie die Donuts mit kleingeschnittenem Schnittlauch und etwas ungesüßter geschlagener Sahne.

Blätterteiggebäck

Aprikosenkuchen auf Blätterteig

Zutaten:

300 g Blätterteig (Dinkel oder Roggen), 300 g Aprikosen, 2 Packungen Vanillepuddingpulver zum Aufkochen (ohne E-Nummern!), 200 ml Liter

Sahne, 5 EL Zucker, 250 g Sahnequark

Zubereitung:

Legen Sie den Blätterteig in eine Auflaufform, und drücken Sie ihn wie ‚eine zweite Haut' fest in die Form. Reinigen Sie dann die Aprikosen, entfernen Sie die Kerne und schneiden das Fruchtfleisch in kleine Stückchen. Verteilen Sie diese anschließend gleichmäßig in der Auflaufform.

Geben Sie das Vanillepuddingpulver, die Sahne und den Sahnequark zusammen mit dem Zucker in eine Schüssel, und verrühren Sie alles gleichmäßig. Geben Sie diese Füllung dann auf die Aprikosen und backen den Kuchen ca. 30 Minuten lang bei 200 °C.

Wenn Sie mögen, servieren Sie den Aprikosenkuchen warm. Wenn Sie dazu auch Vanilleeis und geschlagene Sahne reichen, kommt so mancher Apfelstrudel nicht mehr mit.

Aprikosen-Quarkteilchen

Zutaten:

300 g Blätterteig (Dinkel oder Roggen), 300 g Magerquark, 2 Tüten Vanillepuddingpulver, 6 große Aprikosen, etwas Puderzucker, 2 EL Zucker

Zubereitung:

Rollen Sie auf einer mit Mehl ausgestäubten Arbeitsplatte den aufgetauten Blätterteig so aus, dass Sie 12 gleichgroße Quadrate erhalten.

Reinigen Sie die Aprikosen, schneiden Sie sie in 2 Hälften und entfernen die

Kerne. Dünsten Sie die Aprikosen kurz in einem Kochtopf an.

Schlagen Sie inzwischen das Eiweiß steif. Verrühren Sie den Quark mit dem Vanillepuddingpulver, Eigelb und Zucker. Geben Sie dann das geschlagene Eiweiß hinzu. Tragen Sie die Quarkmasse nun auf die Teigquadrate auf, und belegen Sie diese anschließend mit je einer Aprikosenhälfte. Die Schnittseite der Aprikosen wird auf den Teig gelegt.

Sie legen jetzt die Teilchen auf ein mit Backpapier ausgelegtes Backblech und schieben dieses für ca. 25 Minuten bei 180 °C in den vorgeheizten Backofen. Anschließend streichen Sie die Teilchen mit dem flüssigen Puderzucker ein.

Blätterteigkekse

Zutaten:

300 g Blätterteig (Dinkel oder Roggen), 100 g Zucker, 50 g Puderzucker, 1 EL Zitronensaft

Zubereitung:

Legen Sie die Blätterteigscheiben nebeneinander auf eine gezuckerte Arbeitsfläche. Nachdem sie aufgetaut sind, rollen Sie sie zu einem ca. 7 mm dicken Teig aus.

Mit einem Trinkglas (Ø 6 cm) stechen Sie einzelne Kekse aus, die Sie anschließend auf der gezuckerten Arbeitsfläche beidseitig ausrollen. Die hierdurch entstehenden ovalen Kekse legen Sie auf ein mit Backpapier ausgelegtes Backblech und lassen sie ca. 15 Minuten lang ziehen.

Schieben Sie das Backblech anschließend in den vorgeheizten Backofen.

Backen Sie die Kekse nun ca. 8 Minuten lang bei 200 °C, und wenden Sie sie danach, um sie dann weitere 8 Minuten zu backen.

Lösen Sie den Puderzucker in dem Zitronensaft auf. Wenn Sie zu wenig Zitronensaft gewonnen haben, ergänzen Sie den Puderzucker mit etwas Wasser. Bestreichen Sie die beiden Enden der Kekse mit dem flüssigen Puderzucker

Käse in Blätterteig

Zutaten:

Ca. 300 g Blätterteig (Dinkel oder Roggen), 1 EL zerkleinerter Ingwer, 100 g Butterkäse, 1 Becher Frischkäse, 1 Zwiebel, ½ Dose Mais, Pfeffer

Zubereitung:

Rollen Sie auf einer mit Mehl ausgestäubten Arbeitsplatte den aufgetauten Blätterteig so aus, dass Sie 12 gleichgroße Quadrate erhalten.

Geben Sie alle weiteren angegebenen Zutaten in eine Schüssel, und vermengen Sie diese zu einer Käsecreme.

Tragen Sie jeweils 2 EL von der Käsecreme auf die Teigquadrate auf. Klappen Sie die 4 Spitzen jeweils bis zur Mitte um und drücken diese etwas an, sodass geschlossene Quadrate entstehen, und die Käsecreme nicht austreten kann. Legen Sie die Teilchen auf ein mit Backpapier ausgelegtes Backblech und schieben dieses in den vorgeheizten Backofen für ca. 25 Minuten bei 180 °C.

Mandelkämme

Zutaten für 12 Teilchen:

300 g Blätterteig (Dinkel oder Roggen), 150 g gemahlene Mandeln, 100 g Zucker, 1 Ei, 1 TL Wasser, 80 g Puderzucker, 2 EL Zitronensaft oder Wasser, 1 EL Butter

Zubereitung:

Legen Sie die aufgetauten Blätterteigscheiben nebeneinander auf eine mit Mehl ausgelegte Arbeitsplatte. Schneiden Sie aus den Teigscheiben ca. 10 gleichgroße Quadrate, und rollen Sie diese ca. 10 x 10 cm groß aus.

Sie rösten jetzt die gemahlenen Mandeln in der zerlassenen Butter etwas an und lassen diese danach abkühlen. Inzwischen schlagen Sie das Eiweiß steif und mengen anschließend die abgekühlten Mandeln und den Zucker darunter.

Verteilen Sie die Mandelmasse auf die Teigscheiben und lassen dabei die Ränder frei.

Verquirlen Sie das Eigelb mit 1 TL Wasser, und bestreichen Sie damit die Ränder der Teigscheiben. Klappen Sie jetzt die Teigscheiben zusammen, drücken Sie die Ränder fest an und schneiden jeweils die Oberfläche mehrmals mit einem Messer ein.

Legen Sie die Mandelkämme auf ein mit Backpapier ausgelegtes Backblech, und bestreichen Sie sie mit dem restlichen Eigelb.

Schieben Sie das Backblech in den vorgeheizten Backofen, und backen Sie die Kämme ca. 20 Minuten lang bei 200 °C.

Verrühren Sie den Puderzucker mit dem Zitronensaft oder Wasser, und bepinseln Sie die Kämme mit diesem Guss.

Quarkteilchen

Zutaten für 12 Teilchen:

300 g Blätterteig (Dinkel oder Roggen), 500 g Magerquark, 80 g Zucker, 50 g Butter, 1 Tüte Vanillezucker, 1 Ei, Heidelbeermarmelade

Glasur: etwas Puderzucker

Zubereitung:

Rollen Sie auf einer mit Mehl ausgestäubten Arbeitsplatte den aufgetauten Blätterteig so aus, dass Sie 12 gleichgroße Quadrate erhalten.

Geben Sie alle weiteren angegebenen Zutaten in eine Schüssel, und vermengen Sie diese zu einer Quarkcreme.

Tragen Sie jeweils 2 EL der Quarkcreme auf die Teigquadrate auf. Belegen Sie die Quarkcreme mit 1 TL Heidelbeermarmelade. Klappen Sie die 4 Spitzen jeweils bis zur Mitte um und drücken diese etwas an. So entstehen geschlossene Quadrate, sodass die Quarkmasse nicht austreten kann.

Legen Sie die Teilchen auf ein mit Backpapier ausgelegtes Backblech, und schieben Sie dieses für ca. 25 Minuten bei 180 °C in den vorgeheizten Backofen. Anschließend bestäuben Sie die Teilchen mit dem Puderzucker.

Apfel-Blätterteigteilchen

Zutaten für 12 Teilchen:

300 g Blätterteig (Dinkel oder Roggen), 300 g Äpfel, 5 EL Zucker, 1 Eigelb

Zubereitung:

Sie schälen die Äpfel, vierteln sie und entfernen die Gehäuse. Schneiden Sie die Viertel in Scheiben, und dünsten Sie diese kurz in einem Kochtopf an. Rollen Sie auf einer mit Mehl ausgestäubten Arbeitsplatte den aufgetauten Blätterteig so aus, dass Sie 12 gleichgroße Quadrate erhalten.

Belegen Sie diese anschließend mit den Apfelscheiben. Lassen Sie die Teigränder frei, und bepinseln Sie diese mit dem verquirlten Eigelb. Bestreuen Sie die Äpfel mit etwas Zucker.

Legen Sie die Teilchen auf ein mit Backpapier ausgelegtes Backblech und schieben dieses in den vorgeheizten Backofen für ca. 25 Minuten bei 180 °C.

Abi-Marmeladenteilchen

Zutaten für 12 Teilchen:

300 g Blätterteig (Dinkel oder Roggen), beliebige Marmelade, 1 Eigelb, etwas Puderzucker

Zubereitung:

Rollen Sie auf einer mit Mehl ausgestäubten Arbeitsplatte den aufgetauten Blätterteig so aus, dass Sie 12 gleichgroße Quadrate erhalten. Tragen Sie jeweils 1 TL Marmelade auf die Teigquadrate auf. Bestreichen Sie die Außenränder mit Eigelb, und klappen Sie diese dann bis zur Mitte um. Legen Sie die Teilchen auf ein mit Backpapier ausgelegtes Backblech, und schieben Sie dieses für ca. 25 Minuten bei 180 °C in den vorgeheizten Backofen. Anschließend bestreichen Sie die Teilchen mit dem flüssigen Puderzucker.

Putzi`s Schweineöhrchen

Zutaten für ca. 30 Schweineöhrchen:

300 g Blätterteig (Dinkel oder Roggen), 100 g Zucker

Zubereitung:

Legen Sie die Blätterteigscheiben nebeneinander auf eine zuvor gezuckerte Arbeitsfläche. Sobald der Teig aufgetaut ist, rollen Sie ihn auf der Zuckerfläche aus. Wenden Sie den Teig zwischendurch, damit er beidseitig mit Zucker bedeckt wird.

Wenn die Teigplatte ca. 20 x 30 cm groß ausgerollt ist, schlagen Sie die Teigfläche von den beiden Längsseiten zur Mitte. Die beiden Teigteile stoßen dabei nicht aneinander. Streuen Sie etwas Zucker darauf, und decken Sie dann den Teig zu. Stellen Sie ihn für 30 Minuten in den Kühlschrank.

Anschließend schneiden Sie ca. 30 dicke Scheiben (ca. 0,5 cm) von der Blätterteigrolle ab. Legen Sie die einzelnen Schweineöhrchen nun auf das mit Backpapier ausgelegte Backblech. Schieben Sie dieses in den vorgeheizten Backofen, und backen Sie die Öhrchen bei 200 °C ca. 10 Minuten lang. Sie wenden die Öhrchen und backen sie dann weitere ca. 10 Minuten.

Vanilleplunder

Zutaten für 12 Plunder:

300 g Blätterteig (Dinkel oder Roggen), 1 Tüte Vanillepuddingpulver (ohne E-Nr.), 300 g Sahnequark, 1 Ei, 80 g Zucker, 1 Tüte Vanillezucker, etwas Puderzucker

Zubereitung:

Rollen Sie auf einer mit Mehl ausgestäubten Arbeitsplatte den aufgetauten Blätterteig so aus, dass Sie 12 gleichgroße Quadrate erhalten.

Geben Sie alle weiteren angegebenen Zutaten in eine Schüssel, und vermengen Sie diese zu einer Quarkcreme.

Tragen Sie jeweils 2 EL der Quarkcreme auf die Teigquadrate auf. Klappen Sie die 4 Quadratspitzen bis zur Mitte um, und drücken Sie diese etwas an, sodass geschlossene Quadrate entstehen, und die Quarkmasse nicht austreten kann.

Legen Sie die Teilchen auf ein mit Backpapier ausgelegtes Backblech, und schieben Sie dieses in den vorgeheizten Backofen für ca. 25 Minuten bei 180 °C. Anschließend streichen Sie die Teilchen mit dem flüssigen Puderzucker ein.

Knabberstangen

Zutaten:

450 g Blätterteig (Dinkel oder Roggen), 20 g grobes Salz, 1 Eigelb

Zubereitung:

Kleben Sie jeweils 2 aufgetaute Blätterteigscheiben mit verquirltem Eigelb aufeinander.

Schneiden Sie diese Doppelscheiben jeweils der Länge nach in 6 gleichgroße Streifen. Drehen Sie sie spiralförmig zusammen, und bestreichen sie dann mit dem Eigelb und Salz.

Legen Sie die Knabberstangen auf ein mit Backpapier ausgelegtes Backblech, das Sie in den vorgeheizten Backofen schieben und ca. 15 Minuten lang bei 190 °C backen.

Verstecktes Hähnchen

Zutaten für 8 Portionen:

300 g Blätterteig (Dinkel oder Roggen), 50 g Frischkäse, 1 Ei, 1 Bund Schnittlauch, 8 kleine Hähnchenfilets, etwas Salz und Pfeffer

Zubereitung:

Dünsten Sie die 8 kleinen Hähnchenfilets ca. 10 Minuten an. Würzen Sie sie anschließend mit etwas Salz und Pfeffer. Zerhacken Sie den Schnittlauch, und vermengen Sie die Hälfte davon mit dem Frischkäse.

Rollen Sie den aufgetauten Blätterteig auf einer mit Mehl ausgelegten Arbeitsplatte aus. Formen Sie gleichgroße 4 Quadrate mit einer Teigdicke von etwa 3 mm. Schneiden Sie die Quadrate jetzt in Dreiecke und streichen dann den Frischkäse darauf.

Belegen Sie jedes der Dreiecke mit einem Hähnchenfilet, indem Sie dieses auf die Längsseiten der Dreiecke legen. Rollen Sie von dieser Seite aus das Hähnchenfilet in den Blätterteig und biegen die Enden wie bei einem Croissant um. Legen Sie die ‚versteckten Hähnchen' nun auf ein mit Backpapier ausgelegtes Backblech. Verquirlen Sie das Ei und bepinseln damit die Teigoberseiten. Schieben Sie das Backblech in den vorgeheizten Backofen, und backen Sie die ‚versteckten Hähnchen' ca. 15 Minuten lang bis sie goldbraun geworden sind. Streuen Sie sofort die restlichen Schnittlauchstückchen darauf, und servieren Sie warm.

Tipp:

Die ‚versteckten Hähnchen' sind ein idealer Snack für zwischendurch oder eine leichte Mittag- oder Abendmahlzeit. Sie können diesen Snack zu einer umfangreicheren Mahlzeit ausbauen, wenn Sie beispielsweise einen Salat zubereiten.

Blätterteig-Marmeladen-Plätzchen

Zutaten:

300 g Blätterteig (Dinkel oder Roggen), beliebige Marmelade, 1 Eigelb, etwas Puderzucker

Zubereitung:

Rollen Sie den aufgetauten Blätterteig auf einer mit Mehl ausgestäubten Arbeitsplatte dünn aus, und stechen Sie mit verschiedenen Motiv-Backförmchen den Teig aus. Belegen Sie die Hälfte der Teigscheiben mit etwas Marmelade, und legen Sie die andere Hälfte mit der jeweils gleichen Motivform darüber. Bestreichen Sie die Ränder mit Eigelb und drücken Sie diese vorsichtig fest.

Legen Sie die Plätzchen auf ein mit Backpapier ausgelegtes Backblech, und backen Sie dieses im vorgeheizten Backofen für ca. 10 Minuten bei 180 °C. Bepinseln Sie die Plätzchen mit dem flüssigen Puderzucker.

Diverse Leckereien

Dinkel-Apfeltörtchen

Zutaten:

230 g Dinkelmehl, 70 g Zucker, 4 EL feine Haferflocken, 120 g Butter, 3 Äpfel, 2 Eier, 3 EL gehackte Mandeln, 1 TL Zucker, 1 TL Sonnenblumenöl, 2 TL Weinsteinpulver, 1 Tüte Vanillezucker, 1 Prise Zimt

Zubereitung:

Geben Sie das Mehl mit dem Weinsteinpulver, Vanillezucker, 50 g Zucker, Ei und der Butter in eine Schüssel. Verrühren Sie alles zu einem festen Teig. Stellen Sie diesen anschließend für ca. 20 Minuten zum Abkühlen in den Kühlschrank.

Schälen Sie jetzt die Äpfel, schneiden Sie diese in Viertel und entfernen dabei das Gehäuse. Schneiden Sie aus den Apfelvierteln Scheiben, und mischen Sie diese mit dem Zimt und 20 g Zucker.

Erhitzen Sie in einer Pfanne das Öl und fügen dann die Haferflocken und Mandeln hinzu.

Formen Sie aus dem abgekühlten Teig 15 walnussgroße Kugeln. Legen Sie diese auf ein mit Backpapier ausgelegtes Backblech. Formen Sie aus dem Teig kleine Tortenböden: Hierfür drücken Sie die Kugeln platt und formen an den Außenkanten Ränder.

Verteilen Sie jetzt die Apfelscheiben darauf und bestreuen diese anschließend mit der erhitzten Haferflockenmasse.

Schieben Sie das Backblech in den Backofen und backen Sie die Törtchen ca. 20 Minuten lang bei 180 °C.

Biskuitrolle mit Preiselbeersahne

Zutaten:

75 g Roggenmehl, 200 g Preiselbeeren (frisch oder gefroren), 150 g Zucker, 4 Eier, 400 ml Sahne, 75 g Speisestärke, 3 EL Zucker, 1 Prise Salz, 1 EL Vanillezucker, 2 EL Puderzucker

Zubereitung:

Trennen Sie die Eier in Eiweiß und Eigelb. Schlagen Sie die Eiweiße mit 75 g Zucker und Salz steif.

Verrühren Sie in einer weiteren Schüssel die Eigelbe mit dem Vanillezucker und 75 g Zucker schaumig. Sieben Sie dann das mit der Speisestärke vermischte Mehl in die Eigelbmasse. Heben Sie anschließend den Eischnee vorsichtig darunter.

Streichen Sie den Teig auf ein mit Backpapier ausgelegtes Backblech. Schieben Sie dieses in den Backofen und backen den Teig auf der oberen Schiene ca. 10 Minuten lang bei 220 °C goldgelb.

Bestreuen Sie jetzt ein sauberes großes und feuchtes Küchentuch gleichmäßig mit 2 EL Zucker. Stürzen Sie dann den gebackenen Biskuitboden darauf und ziehen das Backpapier ab. Rollen Sie die Teigrolle mithilfe des Küchentuches auf.

Schlagen Sie jetzt die Sahne mit dem restlichen 1 EL Zucker steif. Waschen Sie die Preiselbeeren, und trocknen Sie diese. Mischen Sie die Preiselbeeren dann mit der Sahne.

Rollen Sie die Biskuitrolle vorsichtig auf, füllen Sie die Preiselbeersahne hinein, und rollen Sie die Rolle wieder zusammen. Besieben Sie die Biskuitrolle mit Puderzucker.

Crepes klassisch

Zutaten:

275 g Roggenmehl, 500 ml Milch, 3 Eier, 4 EL Butter, je 1 Prise Salz und Zucker, 1 EL Wasser, Sonnenblumenöl zum Backen

Zubereitung:

Geben Sie alle Zutaten in eine Schüssel, und vermixen Sie diese zu einem flüssigen Teig. Stellen Sie den Teig anschliessend für etwa 2 Stunden in den Kühlschrank. Rühren Sie den Teig danach nochmals durch. Sollte er nicht flüssig genug sein, geben Sie noch etwas Milch hinzu.

Erhitzen Sie dann eine Pfanne und füllen den Teig portionsweise hauchdünn hinein. Backen Sie jede Crepeseite ca. 2 Minuten lang bis sie goldgelb ist.

Eclairs mit Preiselbeersahne

Zutaten für 12 Eclairs:

Teig: 50 g Butter, ¼ Liter Wasser, 175 g Roggenmehl, 4 Eier, 1 Prise Salz, 1 EL Vanillezucker

Füllung: ¼ Liter Sahne, 1 EL Zucker, 4 EL Preiselbeermarmelade

Guss: 150 g Puderzucker, 3 EL Zitronensaft

Zubereitung:

Lassen Sie das Wasser mit der Butter, dem Salz und Vanillezucker kurz aufkochen. Nehmen Sie dann den Topf von der Kochplatte und rühren das Mehl gleichmäßig unter. Jetzt stellen Sie den Topf zurück auf den Herd und köcheln den Teig unter stetigem Rühren bei schwacher Temperatur weiter.

Sobald sich der Teig vom Topfboden lösen lässt, nehmen Sie den Topf wieder von der Herdplatte und vermengen den Teig mit einem Ei. Wenn der Teig abgekühlt ist, geben Sie die weiteren 3 Eier hinzu und vermixen diese mit dem Teig.

Geben Sie den fertigen Teig in einen Spritzbeutel mit einer großen Sterntülle. Spritzen Sie damit 12 etwa 6 cm lange Streifen auf ein mit Backpapier ausgelegtes Backblech. Schieben Sie das Backblech in den vorgeheizten Backofen, und backen Sie die Eclairs goldgelb bei 200 °C ca. 30 Minuten lang. Wenn die Eclairs fertig gebacken sind, schneiden Sie sie längsseitig auf und lassen sie abkühlen.

In der Zwischenzeit schlagen Sie die Sahne steif und fügen den Zucker und die Preiselbeermarmelade hinzu. Füllen Sie die fertige Sahne in einen Spritzbeutel mit einer großen Sterntülle.

Bereiten Sie nun den Guss vor, indem Sie den Puderzucker mit dem Zitronensaft verrühren. Pinseln Sie auf die oberen Hälften der Eclairs eine dicke Schicht Puderzucker. In die unteren Hälften spritzen Sie die Preiselbeersahne. Auf die fertigen Unterhälften legen Sie nun als Deckel die mit Puderzucker bestrichenen Oberhälften.

Heidelbeertörtchen

Zutaten für 12 Törtchen:

Teig: 200 g Roggenmehl, 300 g Heidelbeeren (frisch oder tiefgefroren), 100 g Zucker, 100 g Butter, 3 Eier, 50 g geriebene Mandeln, 3 EL Puderzucker, 3 TL Weinsteinpulver

Sonstiges: 12 Papier-Backförmchen (Ø 5 cm)

Zubereitung:

Rühren Sie die Butter mit dem Zucker schaumig, und vermengen Sie dann die Eier und das Salz. Sieben Sie das Roggenmehl mit dem Weinsteinpulver darüber und mixen Sie alles gleichmäßig zu einem Teig.

Waschen Sie die Heidelbeeren gründlich und lassen Sie sie abtropfen.

Füllen Sie den Teig in die Backförmchen, und stellen Sie diese auf ein Backblech. Geben Sie die Heidelbeeren auf den Teig. Schieben Sie das Backblech in den vorgeheizten Backofen, und backen Sie die Heidelbeertörtchen ca. 20 Minuten lang bei 200 °C. Lassen Sie die Törtchen anschließend noch weitere 5 Minuten lang im ausgeschalteten Backofen ziehen.

Bestreuen Sie die abgekühlten Törtchen mit Puderzucker.

Mandelplätzchen Inge

Zutaten:

250 g Butter, 300 g Roggenmehl, 250 g zarte Haferflocken, 100 g gemahlene Mandeln, 1 EL Zucker, ½ TL Backpulver, 1 Eigelb, 3 Eier

Zubereitung:

Vermengen Sie alle Zutaten zu einem Knetteig und rollen diesen aus. Stechen Sie mit einem mittelgroßen Trinkglas die einzelnen Plätzchen aus, und legen Sie diese auf ein mit Backpapier ausgelegtes Backblech.

Bestreichen Sie die Plätzchen mit Eigelb, und schieben Sie das Backblech anschließend in den vorgeheizten Backofen. Bei 200 °C backen Sie die Plätzchen ca. 15 Minuten lang.

Mutzenmandeln nach Omas`s Anweisung

Zutaten:

125 g Roggenmehl, 30 g Zucker, 50 g fein geriebene Mandeln, 2 Eigelbe, 2 EL Zitronensaft, etwas Puderzucker, ½ TL Backpulver, 40 g Butter

Zubereitung:

Schlagen Sie die Butter mit den Eigelben und dem Zucker schaumig. Rühren Sie dann den Zitronensaft mit den fein geriebenen Mandeln unter. Geben Sie dann das mit dem Mehl vermischte Backpulver hinzu und verrühren alles zu einem festen Teig.

Stellen Sie den Teig für ca. 1 Stunde zum Erkalten in den Kühlschrank.

Rollen Sie den Teig dann auf einer mit Mehl ausgestäubten Arbeitsplatte ca. 1 cm dick aus. Schneiden Sie mit einem Teigrad rautenförmige Scheiben aus dem Teig. Alternativ können Sie auch beliebige Backförmchen zum Ausstechen verwenden.

Erhitzen Sie das Fett auf ca. 160 °C, und backen Sie die ausgestochenen Teigscheiben darin aus bis sie goldgelb sind. Nehmen Sie die gebackenen

Mutzenmandeln mit einem Schaumlöffel heraus. Lassen Sie die Mutzenmandeln auf einem Kuchengitter abtropfen, und wälzen Sie sie dann sofort im Puderzucker.

Uli`s Mandelsterne

Zutaten:

Teig: 250 g Dinkelmehl, 150 g Butter, 125 g Zucker, 1 EL Dosenmilch, 1 Tüte Vanillezucker, 125 g gehackte Mandeln, 1 Eigelb

Belag: etwas Puderzucker und Heidelbeergelee oder -marmelade

Zubereitung:

Bereiten Sie aus den Teigzutaten einen Knetteig, und lassen Sie diesen über Nacht im Kühlschrank ruhen.

Am nächsten Tag rollen Sie den Teig ca. 3 mm dick aus und stechen dann gleichseitige Dreiecke aus. Legen Sie diese auf ein mit Backpapier ausgelegtes Backblech. Backen Sie die Dreiecke bei 180 °C ca. 15 Minuten lang.

Nach dem Abkühlen bestreichen Sie die Dreiecke mit dem Gelee und setzen jeweils zwei Dreiecke zu einem Stern zusammen. Bestäuben Sie die fertigen Mandelsterne anschließend mit Puderzucker.

Quarkeckchen Billy

Zutaten für ca. 8 Quarkeckchen:

Teig: 200 g Roggenmehl, 350 ml Milch, 2 EL Sonnenblumenöl, 2 Eier, 1 Prise Salz

Füllung: 250 g Magerquark, 2 Tüten Vanillezucker, 30 g Zucker, 3 EL Milch, 1 Eigelb

Zubereitung:

Vermengen Sie das Mehl mit dem Sonnenblumenöl, Ei und der Milch. Decken Sie den Teig ab, und lassen Sie ihn an einem warmen Ort ca. 30 Minuten lang ziehen.

Währenddessen mixen Sie den Quark mit dem Vanillezucker, Zucker, Eigelb und der Milch. Stellen Sie die fertige Füllung zum Erkalten in den Kühlschrank.

Erhitzen Sie eine beschichtete Pfanne (Ø 20 cm) mit Öl. Da der Teig sehr dünnflüssig ist, füllen Sie ihn portionsweise mithilfe einer Suppenkelle in die erhitzte Pfanne. Wenn der dünne Teig fester geworden ist, wenden Sie ihn und backen ihn von der Rückseite. Geben Sie den fertigen Teig auf einen Teller und legen in die Mitte 1 EL der Quarkfüllung.

Klappen Sie alle Seiten des Teigs nacheinander zur Mitte. Drehen Sie die Quarkecken langsam um, und lassen Sie sie mit den Rändern nach unten gerichtet abkühlen.

Verarbeiten Sie den restlichen Teig portionsweise genauso wie beschrieben.

Wichtig:. Bestreuen Sie die Quarkecken mit Zucker, und servieren Sie sie warm.

Rhabarber-Apfelauflauf

Zutaten:

500 g Rhabarber, 140 g Zucker, 2 Äpfel, 2 EL Roggenmehl, 2 TL Speisestärke, 50 g feine Haferflocken, 90 g Butter, ½ Tasse Milch, 30 g Maisflakes, ½ TL Zimt

Zubereitung:

Reinigen Sie den Rhabarber, und dünsten Sie ihn 10 Minuten an. Schälen Sie die Äpfel, vierteln Sie sie und entfernen die Kerngehäuse. Schneiden Sie die Apfelviertel in Scheiben.

Vermengen Sie die Milch mit 1 EL Zucker und der Speisestärke. Geben Sie den abgekühlten Rhabarber mit den Äpfeln hinzu, und verrühren Sie alles. Füllen Sie die Obstmischung in eine gut eingefettete Auflaufform. Geben Sie die Maisflakes in eine Schüssel, und zerbröseln Sie die Flakes mit einer Gabel. Fügen Sie die Haferflocken, Butter, das Mehl und den restlichen Zucker hinzu. Vermischen Sie alles zu einem Streuselteig, und verteilen Sie diesen über das Obst.

Stellen Sie die Auflaufform in den vorgeheizten Backofen und backen Sie ihn ca. 40 Minuten lang bei 180 °C.

Rhabarbertörtchen nach Irmi

Zutaten für 8 Törtchen:

250 g Rhabarber, 130 g Dinkelmehl, 130 g Zucker, 30 g Kokosraspeln, 4 Blätter Gelatine, 50 g Butter, ¼ Liter Sahne, 1 EL gehackte Mandeln, 2 Prisen Salz, 1 Eigelb, 1 TL Vanillezucker, außerdem: 8 Tortelettesförmchen (Ø 12 cm)

Zubereitung:

Vermischen Sie das Mehl mit 50 g Zucker, einer Prise Salz, der Butter, den Kokosraspeln, dem Eigelb und dem Vanillezucker zu einem glatten Teig. Stellen Sie diesen anschließend für eine Stunde zum Kühlen in den Kühlschrank.

Reinigen Sie den Rhabarber, und zerschneiden Sie ihn dann in kleine Stückchen. Geben Sie ihn jetzt in einen Kochtopf und köcheln Sie ihn zusammen mit 3 EL Wasser, dem restlichen Zucker und einer Prise Salz 10 Minuten lang.

Inzwischen weichen Sie die Gelatine 10 Minuten lang in kaltem Wasser ein, drücken sie dann aus und rühren sie unter den nun heißen Rhabarber. Lassen Sie diesen Rhabarberkompott jetzt abkühlen. Rollen Sie jetzt den Teig ca. 3 mm dick aus und füllen Sie die zuvor eingefetteten Tortelettesförmchen damit aus. Stechen Sie die Tortenböden mehrmals mit einer Gabel ein, und backen Sie die Förmchen nun 20 Minuten lang, bis sie hellbraun sind. Schlagen Sie die Sahne steif, und ziehen Sie diese dann unter den Rhabarberkompott. Füllen Sie diesen anschließend in die fertig gebackenen Törtchen. Bestreuen Sie sie mit den gehackten Mandeln.

Wenn Sie keine Tortellesförmchen zur Hand haben, nehmen Sie eine flache Auflaufform und richten eine große Torte her.

Runde Spritzkuchen

Zutaten für ca. 10 Spritzkuchen:

125 g Roggenmehl, 3 Eier, 50 g Butter, 2 EL Zitronensaft, ¼ Liter Wasser, 1 kg Kokosfett oder 1 l Sonnenblumenöl, 200 g Puderzucker

Zubereitung:

Kochen Sie das Wasser mit der Butter und dem Salz auf. Geben Sie dann das Mehl hinzu und vermengen dies so lange, bis der Teig zu einem Kloß formbar ist. Nehmen Sie den Topf vom Herd und lassen den Teig etwas abkühlen. Fügen Sie die Eier hinzu, und rühren Sie diese unter. Lassen Sie den Teig nun 30 Minuten lang ruhen.

Erhitzen Sie das Fett in einem Topf auf 170 °C. Schneiden Sie aus Butterbrotpapier oder Backpapier vier 8 cm lange Streifen und ziehen diese kurz durch das heiße Fett. Geben Sie den Teig nun in einen Spritzbeutel mit einer großen Sterntülle. Spritzen Sie einen Kranz auf einen Papierstreifen. Der Kranz sollte einen Durchmesser von ca. 6 cm und eine Höhe von 1,5 cm haben.

Backen Sie die Kränze portionsweise. Hierfür geben Sie nun jeden einzelnen Kranz mit der Oberseite nach unten in das Fett. Ziehen Sie das Papier ab, sobald der Kranz in das Fett abgerutscht ist. Backen Sie jede Kranzseite etwa 4 Minuten lang bis der Teig goldbraun geworden ist. Heben Sie den fertig gebackenen Kranz mit einem Schöpflöffel aus dem Topf und lassen ihn auf einem Küchenpapier abtropfen.

Verrühren Sie den Puderzucker mit dem Zitronensaft, und pinseln Sie die Oberseite der noch warmen Spritzkuchen gründlich damit ein.

Aprikosen-Windbeutel

Zutaten für 18 Windbeutel:

Teig: 70 g Butter, 4 Eier, 2 Prisen Salz, 150 g Roggenmehl, ¼ Liter Wasser

Füllung: ca. 15 Aprikosen, 500 g Magerquark, 2 TL Zucker, 2 EL Aprikosenkonfitüre

Belag: eine halbe Tasse Puderzucker

Zubereitung:

Kochen Sie den ¼. Liter Wasser zusammen mit der Butter und dem Salz kurz auf. Geben Sie das Mehl dazu, und rühren Sie alles um. Sobald sich der Teig als ein Kloß vom Topfboden lösen lässt, nehmen Sie den Topf von der Herdplatte, rühren ein Ei unter den Teig und lassen diesen abkühlen. Anschließend rühren Sie die weiteren 3 Eier unter.

Füllen Sie den Teig nun in einen Spritzbeutel mit einer großen Sternöffnung. Nachdem Sie das Backblech mit Backpapier ausgelegt haben, spritzen Sie 18 gleichmäßige etwa pflaumengroße Teighäufchen darauf.

Anschließend backen Sie das Blech bei 200 °C (Umluft 180 °C) ca. 25 Minuten lang. Danach nehmen Sie das Blech aus dem Ofen und schneiden die Windbeutel horizontal auf. Während diese nun abkühlen, bereiten Sie die Cremefüllung vor.

Hierfür spülen Sie die Aprikosen ab. Nachdem diese getrocknet sind, entkernen Sie sie und zerschneiden das Fruchtfleisch in kleine Stückchen. Danach verrühren Sie diese zusammen mit dem Quark, der Aprikosenkonfitüre und dem Zucker.

Die fertige Creme füllen Sie nun in die abgekühlten Windbeutel, die Sie anschließend mit dem Puderzucker besieben.

Tipp: Wenn Sie die 18 Windbeutel nicht auf einmal zubereiten möchten, frieren Sie die noch ungefüllten Windbeutel ein. Ein kurzes Aufbacken im Backofen genügt, um sie schnell aufzutauen.

Bereiten Sie entsprechend weniger Creme zu, indem Sie beispielsweise die angegebenen Zutatenmengen halbieren.

Kekse und Plätzchen

Aprikosenkekse mit Mandelbaiser

Zutaten:

Teig: 250 g Roggenmehl, 125 g Butter, 125 g Zucker, 1 Ei

Füllung: 200 g geraspelte Mandeln, 2 Eiweiß, 100 Aprikosengelee, 100 g Puderzucker, 1 TL Zitronensaft, 1 Prise Salz

Zubereitung:

Geben Sie das Mehl zusammen mit der Butter, einem Ei und Zucker in eine Schüssel, und vermengen Sie alles zu einem festen Teig. Rollen Sie den Teig anschließend aus und stechen daraus mit einem Trinkglas oder einer anderen beliebigen Ausstechform die einzelnen Kekse aus. Schlagen Sie das Eiweiß von 2 Eiern zu festem Eischnee und heben dann den Puderzucker, Zitronensaft, die Mandeln und das Salz unter. Geben Sie diese Füllung in einen Spritzbeutel und formen damit auf jeden Keks einen Ring. In die Mitte der Ringe legen Sie mit einem Teelöffel etwas Aprikosengelee.

Geben Sie die Kekse auf ein mit Backpapier ausgelegtes Backblech, und backen Sie die Kekse ca. 15 Minuten lang bei 175 °C.

Buchweizenkekse

Zutaten:

400 g Buchweizenmehl, 200 g Butter, 150 g Zucker, 2 Eier, 1 Tüte Vanillezucker, 2 TL Backpulver

Zubereitung:

Vermengen Sie die Butter, Eier, Zucker und Vanillezucker zu einer schaumigen Creme. Fügen Sie dann das Mehl und Backpulver hinzu und kneten daraus einen festen Teig. Rollen Sie diesen anschließend aus, und stechen Sie dann beliebige Formen aus. Zu Weihnachten bieten sich Weihnachtsmotive an, zu anderen Jahreszeiten kann man einfach ein Trinkglas nehmen, um runde Kekse auszustechen. Legen Sie die ausgestochenen Kekse auf das mit Backpapier ausgelegte Backblech und backen Sie dieses im vorgeheizten Backofen bei 170 °C ca. 10 Minuten lang.

Tipp:

Zur Dekoration können Sie die Kekse nach dem Abkühlen mit Eigelb einpinseln und z. B. Hagelzucker darauf streuen.

Butterplätzchen Oma

Zutaten:

500 g Roggenmehl, 375 g Margarine, 7 EL Dosenmilch, 500 mg Hagelzucker,1 Ei

Zubereitung:

Vermengen Sie das Mehl mit der Margarine und der Dosenmilch zu einem festen Teig. Wenn er noch etwas zu flüssig erscheint, geben Sie weiteres Mehl hinzu. Wenn der Teig zu trocken ist, geben Sie noch etwas Dosenmilch hinzu. Der Teig ist dann fertig, wenn er sich mit einer Nudelrolle etwa 3 mm dünn ausrollen lässt. Hierfür breiten Sie auf Ihrer Arbeitsfläche eine dünne Mehlschicht aus und rollen den Teig darauf aus.

Heizen Sie den Backofen auf 180 °C vor, und legen Sie ein Backblech mit Backpapier aus.

Geben Sie das Ei in eine Tasse, und rühren Sie es um. Aus dem ausgerollten Teig stechen Sie mit beliebigen Formen (z. B. auch mit einem Trinkglas) die einzelnen Plätzchen aus. Sie bestreichen die Teigscheiben anschließend mit etwas Ei, und tauchen diese dann mit der bestrichenen Seite in den Hagelzucker ein. Das Plätzchen legen Sie nun mit der Hagelzuckerseite nach oben gerichtet auf das Backpapier.

Sobald Sie ein Backblech mit Plätzchen ausgefüllt haben, geben Sie es in den vorgeheizten Backofen und backen die Plätzchen ca. 20 Minuten lang bis sie goldgelb sind.

Tipp:

Falls Sie trotz der HIT Weizenmehl vertragen, ersetzen Sie das Roggenmehl mit dem Weizenmehl. Dies entspricht dem ursprünglichen Rezept.

Buttertaler Mama

Zutaten:

300 g Roggenmehl, 75 g Zucker, 250 g Butter, 100 g gehackte Mandeln, 1 Tüte Vanillezucker, etwas Puderzucker

Zubereitung:

Geben Sie (bis auf den Puderzucker) alle Zutaten in eine Schüssel, und vermengen Sie alles zu einem festen Knetteig. Formen Sie den Teig zu Rollen mit einem Durchmesser von ca. 4 cm.

Legen Sie den Teig über Nacht in den Kühlschrank und lassen ihn ruhen. Am nächsten Tag schneiden Sie die Rollen in etwa ½ cm dicke Scheiben und legen sie auf ein mit Backpapier ausgelegtes Backblech.

Schieben Sie das Backblech in den vorgeheizten Backofen und backen die Buttertaler goldgelb. Bei einer Temperatur von 175 °C sind die Taler nach ca. 10 Minuten fertig gebacken. Bestreuen Sie die noch heißen Taler anschließend mit Puderzucker.

Haferflockenplätzchen vom Basar

Zutaten:

250 g grobe Haferflocken, 125 g Roggenmehl, 200 g Butter, 200 g Zucker, 1 Tüte Vanillezucker, 1 Ei, 2 TL Backpulver, 1 Prise Salz

Zubereitung:

Sie verrühren die Haferflocken in zerlassenem Fett und lassen sie anschließend abkühlen.

Rühren Sie dann alle weiteren Zutaten unter. Mithilfe von 2 Teelöffeln legen Sie kleine Teighäufchen auf das mit Backpapier ausgelegte Backblech. Geben Sie das Backblech in den vorgeheizten Backofen, und backen Sie die Plätzchen etwa 15 Minuten lang bei 200 °C.

Haferflockenplätzchen Erika

Zutaten:

70 g Margarine, 50 g Haferflocken, 50 g Roggenmehl, ½ TL Backpulver, 30 g Zucker, 1 Ei

Zubereitung:

Rühren Sie zunächst die Margarine mit dem Zucker schaumig und fügen dann das Eiweiß hinzu. Vermengen Sie die Haferflocken mit dem Backpulver und dem Roggenmehl, und geben Sie dies zu der Margarine. Verarbeiten Sie alles zu einem glatten Teig und formen dann daraus walnussgroße Kugeln. Legen Sie diese auf ein mit Backpapier ausgelegtes Backblech.

Schieben Sie das Backblech in den vorgeheizten Backofen, und backen Sie die Plätzchen etwa 20 Minuten lang bei 180 °C.

Ingwerkekse

Zutaten:

Zwei kleine Ingwerknollen, 250 g Roggenmehl, ½ TL Ingwerpulver, 75 g Zucker, 1 TL Backpulver, 100 g Butter

Zubereitung:

Zerraspeln Sie den Ingwer und geben dann die weiteren Zutaten hinzu. Vermengen Sie alles zu einem glatten Knetteig und formen daraus Teigrollen mit einem Durchmesser von etwa 4 cm. Legen Sie die Teigrollen eine Stunde lang in den Kühlschrank. Schneiden Sie von dem abgekühlten Teig jeweils 1/2 cm dicke Scheiben ab. Legen Sie diese auf ein mit Backpapier ausgelegtes Backblech. Schieben Sie das Backblech in den vorgeheizten Backofen, wo Sie die Kekse ca. 10 Minuten lang bei 160 °C backen.

Onkel`s Junotaler

Zutaten:

Teig: 180 g Dinkelmehl, 1 TL Backpulver, 15 g Zucker, 1 Ei, 1 Tüte Vanillinzucker, 50 g mit Schale geriebene Mandeln, 50 g Kokosraspeln, 100 g Butter

Belag: 1 Eiweiß, Hagelzucker

Zubereitung:

Bereiten Sie aus den Teigzutaten einen Knetteig. Formen Sie hieraus eine Rolle mit einem Durchmesser von ca. 4 cm, und lassen Sie diese über Nacht im Kühlschrank abkühlen. Am nächsten Tag schneiden Sie aus der Rolle ½ cm dicke Scheiben und legen diese auf ein mit Backpapier ausgelegtes Backblech. Bestreichen Sie die Taler mit Eiweiß, und bestreuen Sie sie anschließend mit Hagelzucker. Backen Sie die Kekse ca. 17 Minuten lang bei 190 °C.

Klassische Linzer Augen

Zutaten:

Teig: 300 g Roggenmehl, 200 g Butter, 100 g geriebene Mandeln, 100 g Puderzucker, 1 Tüte Vanillezucker, 1 Messerspitze Zimt, 2 Eigelb

Füllung: Johannisbeergelee, Puderzucker

Zubereitung:

Geben Sie die Teigzutaten in eine Schüssel, und rühren Sie mit einem Knethaken einen Teig. Stellen Sie diesen anschließend ca. 30 Minuten lang im Kühlschrank kalt.

Rollen Sie den Teig ca. 3 mm dick auf einer mit Mehl ausgelegten Arbeitsplatte aus. Stechen Sie hieraus mit einem Trinkglas ca. 5 cm runde Teigplätzchen aus. Aus der Hälfte dieser Teigplätzchen stechen Sie jeweils 3 runde Löcher (Linzer Augen) aus. Schneller geht es, wenn Sie hierfür einen sogenannten ‚Linzer Ausstecher' mit 3 Löchern verwenden.

Legen Sie nun alle Teigplätzchen auf ein mit Backpapier ausgelegtes Backblech und backen dieses im vorgeheizten Backofen bei 180 °C ca. 10 Minuten lang.

Lassen Sie die Plätzchen etwas abkühlen, bevor Sie dann mit einem Teelöffel kleine Häufchen mit Johannisbeergelee auf die ungelochten Plätzchen setzen. Übersieben Sie die gelochten Plätzchen mit Puderzucker, und legen Sie diese anschliessend auf die Plätzchenteile mit der Geleemasse. Drücken Sie die Oberseiten leicht an, damit der Gelee etwas aus den Löchern austreten kann.

Lassen Sie die Linzer Augen ca. 2 Stunden lang auf einem Kuchengitter abkühlen und trocknen.

Kokosmakronen

Zutaten:

125 g Butter, 125 g Roggenmehl, 2 TL Weinsteinpulver, 100 g Kokosraspeln, 80 g Mondamin, 100 g Zucker, 1 Ei, 1 Tüte Vanillezucker

Zubereitung:

Rühren Sie die Butter schaumig und geben den Vanillezucker und Zucker hinzu. Mischen Sie das Mehl mit dem Backpulver und Mondamin, rühren Sie dies unter die Butter, und rühren Sie das Mehl ein. Anschließend heben Sie die Kokosraspeln unter den Teig.

Legen Sie jetzt das Backblech mit Backpapier aus. Mithilfe von 2 Teelöffeln setzen Sie kleine Teighäufchen darauf. Bei einer Temperatur von ca. 180 °C backen Sie die Kokosmakronen ca. 10 Minuten lang.

Geleekekse

Zutaten:

Teig: 350 g Roggenmehl, 20 g feine Haferflocken, 200 g Butter, 1 TL Backpulver, 100 g Zucker, 1 Tüte Vanillezucker, 1/2 TL Zimt, 1 Ei

Belag: 3 EL Puderzucker, 130 g Johannisbeergelee

Zubereitung:

Vermengen Sie die Teigzutaten zu einem Knetteig, und wickeln Sie ihn in eine Frischhaltefolie. Legen Sie ihn für ca. 2 Stunden zum Erkalten in den

Kühlschrank.

Rollen Sie den Teig auf einer mit Mehl ausgelegten Arbeitsfläche dünn aus und stechen mit einer beliebigen Ausstechform ca. 5 cm große Teigflächen aus. Legen Sie die Teigscheiben auf ein mit Backpapier ausgelegtes Backblech, und backen Sie dieses ca. 12. Minuten lang im vorgeheizten Backofen bei 180 °C. Lassen Sie die Kekse danach auf einem Kuchengitter abkühlen. Besieben Sie die Hälfte der Kekse mit Puderzucker. Erwärmen Sie den Johannisbeergelee, und bestreichen Sie die andere Hälfte der Kekse damit. Legen Sie die mit Puderzucker bestreuten Kekse auf die Geleekekse, und drücken Sie sie leicht an.

Maisflakes-Mandel-Kekse

Zutaten:

300 g Roggenmehl, 150 g Butter, 2 Eier, 30 g geraspelte Mandeln, 1 Tasse Maisflakes, 1 Eigelb, 200 g Puderzucker

Zubereitung:

Vermengen Sie das Mehl mit dem Puderzucker, den Eiern, der Butter und den geraspelten Mandeln zu einem festen Teig. Stellen Sie diesen anschließend zum Abkühlen in den Kühlschrank.

Dann formen Sie walnussgroße Kugeln, rollen diese durch das Eigelb und anschließend durch die Maisflakes. Legen Sie die fertigen Teigkugeln anschließend auf ein mit Backpapier ausgelegtes Backblech.

Schieben Sie das Backblech in den vorgeheizten Backofen, und backen Sie die Kekse bei 180 °C ca. 12 Minuten lang.

Tipp:

Verschönern Sie die Kugeln, indem Sie sie mit Puderzucker besieben.

Mama`s Vanillekipferl

Zutaten:

375 g Roggenmehl, 150 g Zucker, 250 g Butter, 200 g gemahlene Mandeln, ausgeschabtes Mark von 2 Vanilleschoten, 1 Tüte Vanillezucker, etwas Puderzucker

Zubereitung:

Geben Sie alle Zutaten in eine Schüssel und vermengen diese zu einem Knetteig. Stellen Sie den Teig anschließend für eine Stunde zum Erkalten in den Kühlschrank.

Rollen Sie den abgekühlten Teig zu einer Rolle und schneiden etwa 5 cm lange Stücke ab. Formen Sie aus diesen Teigstückchen Hörnchen, und legen Sie diese auf ein mit Backpapier ausgelegtes Backblech.

Schieben Sie das Backblech in den vorgeheizten Backofen und backen Sie die Kipferl etwa 12 Minuten lang bei 200 °C. Wenden Sie anschliessend die noch heißen Kipferl in Puderzucker.

Einfache Dinkelkekse

Zutaten:

250 g Dinkelmehl, 50 g Roggenmehl, 150 g Butter, 100 g Zucker, ½ TL Backpulver, 20 g Kokosflocken, 1 TL Zimt, 1 Ei

Zubereitung:

Vermengen Sie alle Zutaten zu einem Knetteig, formen Sie diesen zu einer Kugel und legen diese in Frischhaltefolie eingepackt für ca. 1 Std. in den Kühlschrank. Dann formen Sie den Teig auf einer mit Mehl ausgelegten Arbeitsfläche zu 2 Rollen (Ø 3 cm). Schneiden Sie ca. 2 cm dicke Teigscheiben ab. Diese drücken Sie etwas flach, um sie dann auf ein mit Backpapier ausgelegtes Backblech zu setzen. Backen Sie die Kekse ca. 12. Minuten lang im vorgeheizten Backofen bei 180 °C. Lassen Sie die Kekse danach auf einem Kuchengitter abkühlen. Wenn Sie mögen, besieben Sie die Kekse mit etwas Puderzucker.

Mandel-Haferplätzchen

Zutaten:

125 g Butter, 150 g Zucker, 80 g gehackte Mandeln, 90 g feine Haferflocken, 80 g Roggenmehl, 1 TL Backpulver, 80 ml Milch, 1 Tüte Vanillezucker, 1 Ei, 1 Prise Salz

Zubereitung:

Geben Sie Butter, Zucker, Ei, Salz und Vanillezucker in eine Schüssel und verrühren alles zu einem schaumigen Teig. Fügen Sie dann die weiteren Zutaten hinzu und vermengen alles gründlich. Feuchten Sie Ihre Hände an und formen aus dem Teig walnussgroße Kugeln. Diese legen Sie auf ein mit Backpapier ausgelegtes Backblech, das Sie anschließend in den vorgeheizten Backofen schieben. Bei 190 °C backen Sie die Plätzchen ca. 15 Minuten lang.

Maria Plätzchen Düsseldorf

Zutaten:

Teig: 150 g Mehl, 1 TL Backpulver, 50 g Zucker, 90 Margarine, 1 Tüte Vanillezucker, 1 Eigelb

Füllung: 60 g Puderzucker, etwas gemahlener Ingwer, 150 g gemahlene Mandeln, 1 Ei

Verzierung: 20 g gehobelte Mandeln, 200 g Puderzucker

Zubereitung:

Bereiten Sie den Teig vor, indem Sie die angegebenen Teigzutaten vermengen. Für die Füllung vermischen Sie die angegebenen Zutaten in einer separaten Schüssel.

Rollen Sie nun den Teig aus und stechen mit einem Schnapsgläschen kleine runde Plätzchen (Ø 3 cm) aus. Legen Sie diese auf ein mit Backpapier ausgelegtes Backblech und geben auf die Hälfte der Teigscheiben kleine Häufchen von der Füllung. Darauf legen Sie dann ein zweites Plätzchen und drücken dieses leicht an. Schieben Sie das Backblech in den vorgeheizten Backofen, und backen Sie die Plätzchen ca. 15 Minuten lang.

Nachdem die Plätzchen abgekühlt sind, streichen Sie die Oberfläche jedes einzelnen Plätzchens dick mit zähflüssigem Puderzucker ein. Verzieren Sie die Plätzchen anschließend mit ein paar gehobelten Mandeln.

Hafer-Honig-Kekse

Zutaten:

120 g geriebene Mandeln, 230 g feine Haferflocken, 80 g Margarine, 1 EL Mondamin, 1 TL Backpulver, 200 g Honig, 1 Prise Salz

Zubereitung:

Verrühren Sie den Honig mit der aufgelösten Margarine schaumig. Geben Sie dann die geriebenen Mandeln, das Backpulver und Salz hinzu und rühren alles kräftig um. Fügen Sie dann das Mondamin und die Haferflocken hinzu.

Mixen Sie alles zu einem Teig, sodass Sie mit 2 Teelöffeln kleine Häufchen auf ein mit Backpapier ausgelegtes Backblech setzen können. Backen Sie die Plätzchen ca. 15 Minuten lang bei 170 °C, und lassen Sie sie anschließend auf einem Kuchenblech abkühlen.

Herzkekse

Zutaten:

500 g Roggenmehl, 180 g Zucker, 250 g Butter, 1 Tüte Vanillezucker, 1 Tüte Backpulver, 1 Ei, rote Johannisbeermarmelade

Ausstechförmchen in Herzform

Zubereitung:

Vermengen Sie alle Zutaten außer der Johannisbeermarmelade zu einem festen Teig. Stellen Sie diesen für 30 Minuten in den Kühlschrank.

Rollen Sie dann den Teig auf einer mit Mehl bestäubten Arbeitsplatte aus und stechen mit einer Herzform die Kekse aus. Legen Sie diese auf ein mit Backpapier ausgelegtes Backblech, und backen Sie die Kekse im vorgeheizten Backofen ca. 15 Minuten lang bei 180 °C. Lassen Sie die Kekse auf einem Kuchengitter abkühlen, und bepinseln Sie sie dann mit der roten Johannisbeermarmelade.

Schneeflocken im Sommer

Zutaten:

125 g Butter, 125 g Stärke, 30 g Roggenmehl, 40 g Puderzucker für den Teig, ausgeschabtes Mark von 3 Vanilleschoten, etwas Puderzucker zum Bestreuen

Zubereitung:

Rühren Sie die Butter cremig und fügen dann alle weiteren Zutaten hinzu. Formen Sie den Teig in walnussgroße Kugeln, und legen Sie diese auf ein mit Backpapier ausgelegtes Backblech.
Schieben Sie das Backblech in den vorgeheizten Backofen, und backen Sie die Schneeflocken ca. 12 Minuten lang bei 200 °C. Bestreuen Sie die noch warmen Flocken dann mit etwas Puderzucker.

Senioren-Buttertaler

Zutaten:

225 g Roggenmehl, 100 g Zucker, 75 g Speisestärke, 200 g Butter, 1 TL Salz

Zubereitung:

Bereiten Sie aus den angegebenen Zutaten einen Knetteig. Formen Sie daraus eine Rolle mit einem Durchmesser von ca. 3 cm. Lassen Sie den Teig 30 Minuten lang im Kühlschrank ruhen. Schneiden Sie dann ½ cm dicke Scheiben ab, und legen Sie diese auf ein mit Backpapier ausgelegtes Backblech.

Bei einer Temperatur von 180 °C backen Sie die Buttertaler ca. 12 Minuten lang.

Spritzgebäck

Zutaten:

250 g Margarine, 200 g Zucker, 2 Vanillezucker, 500 g Roggenmehl, 1 Prise Salz, 2 TL Weinsteinpulver, 3 Eigelb

Zubereitung:

Vermengen Sie die angegebenen Zutaten zu einer festen Teigmenge. Anschließend decken Sie die Schüssel mit Frischhaltefolie ab und lassen den Teig im Kühlschrank ca. 2 Stunden lang erkalten. Sobald der Teig abgekühlt ist, heizen Sie den Backofen auf 180 °C vor und legen das Backblech mit Backpapier aus. Geben Sie den Teig in einen Spritzbeutel mit Sterntülle, und spritzen Sie s-förmige Kringel, gerade Steifen oder andere beliebige Muster auf das Backpapier. Backen Sie die Plätzchen ca. 20 Minuten lang.

Vanille-Honig-Kugeln

Zutaten:

250 g Roggenmehl, 100 g Butter, 1 TL Weinsteinpulver, ausgeschabtes Mark aus 3 Vanilleschoten, 4 EL Honig, 3 Eigelbe, 1 Prise Salz

Zubereitung:

Vermischen Sie das Mehl mit dem Weinsteinpulver, Salz und Vanillemark. Rühren Sie die Butter mit dem Honig in einer separaten Schüssel schaumig. Geben Sie dann das Mehlgemisch und die Eigelbe zu der Buttermasse und mixen alles gründlich. Decken Sie den Teig anschließend zu, und lassen Sie ihn ca. 30 Minuten lang ziehen. Formen Sie danach aus dem Teig walnussgroße Kugeln, und legen Sie diese auf ein mit Backpapier ausgelegtes Backblech. Backen Sie die Kugeln ca. 10 Minuten lang bei 180 °C.

Wiener Stäbchen

Zutaten:

Teig: 250 g Zucker, 1 EL Aprikosenmarmelade, 2 EL Roggenmehl, 1 Ei, 250 g mit Schale geriebene Mandeln

Guss: 100 g Puderzucker, 1 Eiweiß, etwas Wasser

Belag: 40 g abgezogene gehackte Mandeln

Zubereitung:

Bereiten Sie aus den angegebenen Teigzutaten einen Knetteig. Rollen Sie diesen anschließend ½ cm dick aus, und radeln Sie ca. 4 cm lange und 1 cm breite Streifen aus. Legen Sie die Streifen auf ein mit Backpapier ausgelegtes Backblech, und streuen Sie die gehackten Mandeln darüber. Geben Sie das Backblech in den vorgeheizten Backofen. Bei 160 ° C backen Sie die Stäbchen ca. 20 Minuten lang bis sie hellgelb geworden sind.

Lassen Sie die Stäbchen auf einem Kuchengitter abkühlen, und bestreichen Sie sie mit dem angerührten Puderzucker.

Zimtsterne mit Haferflocken

Zutaten:

Teig: 100 g Roggenmehl, 250 g zarte Haferflocken, 250 g Margarine, 1 Ei, 1 TL Zimt, 180 g Zucker, 50 g gemahlene Mandeln

Glasur: 200 g Puderzucker, 1 Eiweiß

Zubereitung:

Rösten Sie ca. 50 g der Haferflocken in einer Pfanne leicht an. Nachdem sie abgekühlt sind, vermengen Sie diese mit den weiteren Teigzutaten. Legen Sie den Teig anschließend zum Erkalten in den Kühlschrank. Rollen Sie dann den Teig aus und stechen mit einer Sternform einzelne Plätzchen aus. Legen Sie diese auf ein mit Backpapier ausgelegtes Backblech.

Schieben Sie das Backblech in den vorgeheizten Backofen, und backen Sie die Plätzchen ca. 10 Minuten lang bei 190 °C. Sobald die Zimtsterne abgekühlt sind, bestreichen Sie sie mit dem angerührten Puderzucker.

Zimt-Weihnachtskekse

Zutaten:

25 ml Honig, 100 g Zucker, ½ EL Zimt, 1 Tüte Vanillezucker, 1 TL Backpulver, 100 g Roggenmehl, je 75 g gehackte und gemahlene Mandeln

Zubereitung:

Bei geringer Hitze und stetigem Rühren erwärmen (nicht aufkochen!) Sie den Honig und Zucker. Sobald eine flüssige Masse entstanden ist, geben

Sie diese in eine Schüssel und fügen die Eier und den Vanillezucker hinzu. Mit einem Mixer schlagen Sie dieses zu einer glatten Creme und fügen dann den Zimt und die Mandeln hinzu. Das Mehl sieben Sie zusammen mit dem Backpulver über den Teig und verrühren dann alle Zutaten vorsichtig.

Mithilfe von 2 Teelöffeln setzen Sie kleine Teighäufchen auf das mit Backpapier ausgelegte Backblech. Schieben Sie dieses in den vorgewärmten Backofen, und lassen Sie die Kekse ca. 10 Minuten lang bei 160 °C backen.

Zitronenhäufchen

Zutaten:

130 g Roggenmehl, 125 g Butter, 1 TL Honig, 120 g Speisestärke, 2 TL Weinsteinpulver, 80 g Zucker, 2 Eier, 100 g Puderzucker, 2 EL Zitronensaft

Zubereitung:

Schlagen Sie die Butter mit den Eiern und dem Zucker schaumig. Sieben das mit der Speisestärke und dem Weinsteinpulver vermischte Mehl darüber, und vermengen Sie alles zu einem Knetteig. Formen Sie aus dem Teig walnussgroße Kugeln, und legen Sie diese auf ein mit Backpapier ausgelegtes Backblech. Drücken Sie mit einem Teelöffel eine kleine Mulde in jede Kugel. Schieben Sie das Backblech in den vorgeheizten Backofen und backen Sie die Plätzchen ca. 12 Minuten bei 190 °C. Vermengen Sie inzwischen den Puderzucker mit dem Zitronensaft. Füllen Sie den flüssigen Puderzucker mit einem Teelöffel in die Mulden der abgekühlten Kugeln.

Amerikaner mit Honig

Zutaten für ca. 12 Amerikaner:

200 g Roggenmehl, 100 g Maismehl, 300 g. Honig, 1 Ei, 200 ml Sahne, 30 g Maisstärkepuder, 250 g Butter, Mark von einer ausgeschabten Vanilleschote, 2 Tropfen Zitronenbacköl

Zubereitung:

Vermischen Sie das Mehl zusammen mit dem Mark der ausgeschabten Vanilleschote und dem Maisstärkepuder. Schlagen Sie 100 g Honig mit 150 g Butter schaumig und geben nach und nach die Mehlmischung, Sahne und das Ei hinzu. Verquirlen Sie alles zu einem cremigen Teig, und lassen Sie diesen anschließend ca. 20 Minuten lang ziehen.

Formen Sie mithilfe von 2 Teelöffeln 12 gleichmäßige Teighäufchen. Setzen Sie diese auf das mit Backpapier ausgelegte Backblech. Schieben Sie dieses in den zuvor vorgeheizten Backofen, und backen Sie die Amerikaner ca. 15 Minuten lang bei 190 °C.

Schlagen Sie währenddessen die restliche Butter mit dem übrigen Honig und dem Zitronenbacköl schaumig. Bestreichen Sie die glatte Seite der abgekühlten Amerikaner großzügig mit der Honigmasse.

Tipp:

Lassen Sie die fertigen Amerikaner einen Tag lang ziehen, dann schmecken Sie meistens am besten.

Amerikaner mit Vanillepudding

Zutaten:

250 g Roggenmehl, 1 Tüte Vanillezucker, 5 EL Milch, 4 TL Weinsteinpulver, 250 g Puderzucker, 100 g Butter, 100 g Zucker, 1 Tüte Vanillepuddinggpulver (ohne E-Nr.), 1 Prise Salz

Zubereitung:

Rühren Sie die Butter mit dem Zucker schaumig und geben danach den Vanillezucker, die Eier und das Salz hinzu. Vermixen Sie die Zutaten so lange, bis ein cremiger Teig entstanden ist. Füllen Sie den Teig in Form von ca. 18 kleinen Häufchen mithilfe von 2 Teelöffeln auf ein mit Backpapier ausgelegtes Backblech.

Backen Sie die Amerikaner ca. 15 Minuten lang bei 190 °C. Nehmen Sie die fertigen Amerikaner vom Backblech, und legen Sie sie mit der flachen Seite nach oben gerichtet auf ein Kuchengitter. Bestreichen Sie die noch warme Oberfläche mit dem flüssigen Puderzucker.

Gummibärchenkuchen

Zutaten:

Tortenboden: 200 g Roggenmehl, 50 g Maisstärke, 50 ml Leinöl, 200 ml lauwarmes Wasser, 1 Tüte Weinsteinpulver, 100 g Zucker

Belag: 2 Tüten Gummibärchen ohne Zusatzstoffe, 1 Tüte Vanillepuddingpulver, 1 EL Heidelbeerkonfitüre, 1 Tüte Tortenguss

Zubereitung Tortenboden:

Vermengen Sie das lauwarme Wasser mit dem Zucker und geben dann das Öl hinzu. Sieben Sie anschließend das Mehl in eine separate Schüssel, und vermischen Sie es mit dem Weinsteinpulver und der Maisstärke. Geben Sie das Mehlgemisch langsam zu der Wassermenge, und mixen Sie alles zu einem festen Teig.

Füllen Sie den Teig in eine mit Backpapier ausgelegte Backform für Tortenböden. Backen Sie den Teig im vorgeheizten Backofen ca. 45 Minuten lang bei 180 °C (keine Umluft). Lassen Sie den Boden auf einem Kuchengitter abkühlen.

Zubereitung Belag:

Bestreichen Sie den abgekühlten Tortenboden mit der Marmelade. Bereiten Sie den Vanillepudding entsprechend der Packungsanweisung zu, und tragen Sie ihn anschließend auf die Marmeladenschicht auf. Anschließend verteilen Sie die Gummibärchen gleichmäßig auf dem Vanillepudding.

Bereiten Sie nun den Tortenguss entsprechend der Packungsanleitung zu, und verteilen Sie ihn auf der Gummibärchenschicht.

Tipp:

Da die Zusammensetzung der Gummibärchen äußerst unterschiedlich ist, sollten Sie die Zutaten sehr genau unter die Lupe nehmen. Im Zweifelsfall kann ein Anruf beim Hersteller hilfreich sein.

Wenn Sie ziemlich sicher sind, eine verträgliche Sorte gefunden zu haben, testen Sie diese in Kleinstmengen aus, bevor Sie einen ganzen Kuchen daraus zaubern.

Hagelzucker-Kinderkekse

Zutaten:

280 g Roggenmehl, 70 g Margarine, 1/8 L Sahne, ½ Tüte Backpulver, 125 g Puderzucker, 1 Eigelb, 1 TL Vanillezucker, Hagelzucker

Zubereitung:

Geben Sie das Mehl mit dem Puderzucker und Backpulver in eine Schüssel und verrühren alles. In einer weiteren Schüssel schlagen Sie die Margarine schaumig und rühren dann die Mehlmasse darunter. Fügen Sie nun die Sahne und den Vanillezucker hinzu. Verrühren Sie alles zu einem festen Teig. Stellen Sie den Teig für eine Stunde zum Erkalten in den Kühlschrank.

Rollen Sie den Teig jetzt auf einer mit Mehl ausgestäubten Arbeitsplatte aus. Stechen Sie mit beliebigen Backförmchen verschiedene Figuren aus. Bepinseln Sie diese Teigscheiben mit dem verquirlten Eigelb, und ziehen Sie sie durch den Hagelzucker. Legen Sie dann die einzelnen Teigscheiben auf ein mit Backpapier ausgelegtes Backblech. Schieben Sie das Backblech in den Backofen, und backen Sie die Kekse ca. 10 Minuten lang bei 170 °C.

Hasenkekse

Zutaten:

Teig: 500 g Roggenmehl, 180 g Zucker, 250 g Butter, 1 Tüte Vanillezucker, 1 Tüte Backpulver, 1 Ei

Glasur: Puderzucker

Ausstechförmchen in Hasenform

Zubereitung:

Vermengen Sie alle Teigzutaten zu einem festen Teig. Stellen Sie diesen für 30 Minuten in den Kühlschrank. Rollen Sie dann den Teig auf einer mit Mehl bestäubten Arbeitsplatte aus und stechen mit einem Ausstechförmchen im Hasenmotiv die Kekse aus. Legen Sie diese auf ein mit Backpapier ausgelegtes Backblech, und backen Sie die Kekse im vorgeheizten Backofen etwa 15 Minuten lang bei 180 °C. Lassen Sie die Kekse auf einem Kuchengitter abkühlen, und bestreichen Sie sie dann mit dem flüssigen Puderzucker.

Heidelbeer-Iglu

Zutaten:

250 g Quark, 1/8 Liter Wasser, 5 Blätter weiße Gelatine, 250 g Sahne, ¼ Liter Milch, 70 g Zucker, 300 g Heidelbeeren (frisch oder tiefgefroren), Eisbombenform

Zubereitung:

Verrühren Sie den Quark mit dem Zucker, Wasser und der Milch. Lösen Sie die Gelatine auf, und geben Sie diese anschließend unter die Quarkmasse. Sie schlagen die Sahne steif und heben diese zusammen mit den Heidelbeeren unter den Quark. Legen Sie einige Heidelbeeren zur Dekoration zurück. Füllen Sie die Quarkmasse in eine Eisbombenform, und stellen Sie diese anschließend in den Kühlschrank, bis die Quarkmasse fest geworden ist. Vor dem Servieren stürzen Sie die Eisbombenform auf einen Teller und dekorieren diesen mit einigen Heidelbeeren, die Sie zuvor zurückgelegt hatten.

Kinder-Spaghettitorte

Zutaten:

Tortenboden: 200 g Roggenmehl, 50 g Maisstärke, 50 ml Maiskeimöl, 100 g Zucker, 200 ml lauwarmes Wasser, 1 Tüte Weinsteinpulver

Belag: 750 ml Sahne, 2 Tüten Sahnesteif, 250 g Magerquark, 1 Tüte Vanillecremepulver, 2 Tüten Vanillezucker, Kokosraspeln, rote Johannisbeermarmelade

Zubereitung Tortenboden:

Vermengen Sie das lauwarme Wasser mit dem Zucker und geben dann das Öl hinzu. Sieben Sie anschließend das Mehl in eine separate Schüssel, und vermischen Sie es mit dem Weinsteinpulver und der Maisstärke. Geben Sie das Mehlgemisch langsam zu der Wassermenge, und mixen Sie alles zu einem festen Teig.

Füllen Sie den Teig in eine mit Backpapier ausgelegte Backform für Tortenböden. Backen Sie den Teig im vorgeheizten Backofen ca. 45 Minuten lang bei 180 °C (keine Umluft). Lassen Sie den Tortenboden auf einem Kuchengitter abkühlen.

Zubereitung Belag:

Schlagen Sie die Sahne mit dem Sahnesteif und Vanillezucker steif. Geben Sie dann das Vanillecremepulver und den Magerquark hinzu. Vermengen Sie alle Zutaten zu einer Creme. Füllen Sie die Creme in eine Spaghettipresse, und pressen Sie die Creme auf den Tortenboden. Bestreichen Sie diesen Belag dann mit der Johannisbeermarmelade und bestreuen diese anschließend mit den Kokosflocken.

Muffins mit Gummibärchen

Zutaten:

Teig: 250 g Roggenmehl, 120 g Zucker, 250 ml Sahne, 1 Ei, 3 TL Weinsteinpulver, ½ TL Natron, 70 ml Sonnenblumenöl, 1 Tüte Vanillezucker

Dekoration: ½ Tasse Puderzucker, 1 Tüte Gummibärchen ohne Konservierungsstoffe, Muffinförmchen aus Papier, Zahnstocher, Zuckerstreusel

Zubereitung:

Geben Sie das Mehl mit dem Weinsteinpulver, Vanillezucker und Natron in eine Schüssel. Verrühren Sie alles, und bereiten Sie in einer separaten Schüssel die flüssigen Zutaten zu. Hier rühren Sie zunächst das Ei schaumig und fügen dann die Sahne und das Sonnenblumenöl hinzu.

Vermixen Sie alles gleichmäßig, und gießen Sie diese Sahnemasse anschließend in das vorbereitete Mehl. Rühren Sie alles zu einem cremigen Teig.

Füllen Sie den fertigen Teig nun zu jeweils ¾ in die Vertiefungen einer eingefetteten Muffinform. Backen Sie die Muffins im vorgeheizten Backofen ca. 18 Minuten lang bei 180 °C.

Nachdem die Muffins abgekühlt sind, kleben Sie mithilfe des flüssigen Puderzuckers mehrere Gummibärchen auf die Oberfläche von jedem Muffin.

Bestreichen Sie die Muffinpapierförmchen mit Puderzucker und rieseln die Zuckerstreusel darüber. Befestigen Sie mit einem Klecks Puderzucker den Zahnstocher von innen, sodass kleine Schirmchen entstehen. Stecken Sie diese in die Mitte des Muffins.

Katzenzungen

Zutaten:

70 g Roggenmehl, 60 g Butter, 1 Ei, 80 g Zucker, etwas Puderzucker

Zubereitung:

Schlagen Sie die Butter mit dem Zucker schaumig und rühren dann das Ei mit dem Mehl unter. Füllen Sie den Teig in einen Spritzbeutel mit einer Lochtülle und spritzen ca. 5 cm lange Teigstäbchen auf ein mit Backpapier ausgelegtes Backblech. Schieben Sie das Backblech in den vorgeheizten Backofen, und backen Sie die Katzenzungen ca. 12 Minuten lang bei 170 °C. Lassen Sie die Katzenzungen auf einem Kuchengitter abkühlen, und bepinseln Sie die beiden Enden der Zungen mit dem flüssigen Puderzucker.

Weiße Mäuse

Zutaten:

Teig: 250 g Roggenmehl, 50 g Zucker, 4 EL Sonnenblumenöl, 125 g Magerquark, 1 Tüte Vanillezucker, 1 Ei, 1 Tüte Backpulver, 150 g gemahlene Mandeln

Verzierung: 1 Eigelb, ganze Mandeln, Rosinen, etwas Dosenmilch, Puderzucker

Zubereitung:

Mischen Sie das Roggenmehl mit dem Backpulver und den gemahlenen Mandeln. Verrühren Sie in einer weiteren Schüssel den Quark mit der Dosenmilch, dem Zucker, Vanillezucker und Sonnenblumenöl. Geben Sie dann die Mehlmischung hinzu, und vermengen Sie alles zu einem festen Knetteig.

Formen Sie aus dem Teig etwa 7 cm lange und 2,5 cm breite Streifen, aus denen Sie einzelne Mäuse formen. Rollen Sie aus dem restlichen Teig dünne Teigrollen, die Sie als Schwanz anbringen. Stecken Sie die ganzen Mandeln als Ohren und die Rosinen als Augen in den Teig. Verquirlen Sie das Ei mit etwas Dosenmilch und bestreichen hiermit alle Mäuse. Legen Sie die Teigmäuse nun auf ein mit Backpapier ausgelegtes Backblech, und backen Sie die Mäuse ca. 20 Minuten lang bei 200 °C. Lassen Sie die Mäuse auf einem Kuchengitter abkühlen, und bestreichen Sie sie anschließend mit dem flüssigen Puderzucker.

Kleine Apfelohren

Zutaten:

Teig: 500 g Roggenmehl, 1/8 l Milch, ½ Tüte Backpulver, 1 Prise Salz, 250 g Butter

Füllung: 2 Äpfel, 4 EL Dosenmilch, 80 g Zucker, 1 TL Zimt, 20 g feine Haferflocken

Glasur: 1 Ei

Zubereitung:

Vermischen Sie das Roggenmehl mit dem Backpulver und Salz. Geben Sie dann die Butter und die Milch hinzu und vermengen alles zu einem festen Knetteig.

Rollen Sie den Teig auf einer mit Mehl ausgestäubten Arbeitsplatte aus und stechen mit einem Trinkglas runde Teigscheiben aus.

Sie schälen die Äpfel und raspeln sie in eine separate Schüssel. Geben Sie den Zimt, Zucker, die Dosenmilch und Haferflocken hinzu und mischen diese Zutaten ordentlich durch. Legen Sie die Teigscheiben auf ein mit Backpapier ausgelegtes Backblech. Auf jede Teigscheibe geben Sie einen 1 TL der Apfelfüllung und falten den Teig danach zu, sodass Halbkreise entstehen. Drücken Sie die Ränder fest an, damit keine Füllung austreten kann. Bestreichen Sie jedes Apfelohr mit dem verquirlten Ei.

Schieben Sie das Backblech in den vorgeheizten Backofen, und backen Sie die Apfelohren ca. 25 Minuten lang bei 200 °C.

Ratzfatz-Kuchen

Zutaten:

Teig: 500 g Roggenmehl, 4 Eier, 1 Tüte Backpulver, 80 g Zucker, 120 ml Fanta, 240 g Margarine

Belag: 70 g Butter, 3 EL Zucker, 170 g Mandelblätter, 20 g grobe Haferflocken

Zubereitung:

Geben Sie alle Teigzutaten in eine Schüssel, und vermixen Sie diese zu einem Rührteig. Füllen Sie diesen auf ein mit Backpapier ausgelegtes Backblech und verteilen darauf gleichmäßig Butterflocken, Haferflocken, Mandelblätter und die 3 EL Zucker.

Schieben Sie das Backblech in den vorgeheizten Backofen, und backen Sie den Kuchen ca. 20 Minuten lang bei 190 °C.

Windbeutel mit Heidelbeeren

Zutaten:

250 g Heidelbeeren (frisch oder tiefgefroren), Wasser, 50 g Butter, 150 g Roggenmehl, 1 Tüte weiße Gelatine, 3 Eier, 1 Prise Salz, 400 ml Sahne, 60 g Puderzucker, 1 EL Zitronensaft, etwas Puderzucker zur Dekoration, 1 Tüte Vanillezucker

Zubereitung:

Geben Sie das Wasser mit der Butter und dem Salz in einen Topf, und kochen Sie diese Zutaten auf dem Herd kurz auf. Fügen Sie dann das Mehl hinzu, und rühren Sie den Teig so lange, bis sich dieser vom Boden löst und einen Kloß bildet. Lassen Sie den fertigen Teig abkühlen, und rühren dann nacheinander die Eier unter.

Füllen Sie den Teig in einen Spritzbeutel mit einer großen Lochtülle, und spritzen Sie damit ca. 12 gleichgroße Teighäufchen auf ein mit Backpapier ausgelegtes Backpapier. Schieben Sie das Backblech in den vorgeheizten Backofen, und backen Sie die Windbeutel etwa 18 Minuten bei 200 °C. Sie schneiden dann die noch heißen Windbeutel horizontal auf und lassen sie abkühlen.

Inzwischen bereiten Sie die Füllung vor, indem Sie die Gelatine 10 Minuten lang in 70 ml kaltem Wasser aufquellen lassen. Sie pürieren dann die Hälfte der aufgetauten Heidelbeeren und schneiden die anderen Heidelbeeren einmal durch. Vermischen Sie den Zitronensaft mit dem Puderzucker und 200 ml Sahne. Rühren Sie anschliessend die aufgelöste Gelatine unter.

In einer weiteren Schüssel schlagen Sie die restliche Sahne mit dem Vanillezucker steif. Heben Sie diese Sahne unter die Geliermasse, sobald diese zu gelieren beginnt.

Geben Sie die Sahnecreme nun in einen Spritzbeutel mit einer großen Lochtülle und füllen damit die Unterböden der Windbeutel.

Setzen Sie die Teigdeckel auf die Sahnecreme, und drücken Sie diese leicht an. Besieben Sie die Windbeutel mit etwas Puderzucker.

Sprudelkuchen

Zutaten:

3 Tassen Roggenmehl, 4 Eier, 1 Tasse Sonnenblumenöl, ¾ Tasse Fanta, 1 Tüte Vanillezucker, 20 g feine Haferflocken, 1 Tüte Backpulver, etwas Puderzucker zum Bestäuben

Zubereitung:

Rühren Sie die Eier mit dem Zucker und Vanillezucker schaumig. Geben Sie dann die weiteren Zutaten hinzu und vermixen alles zu einem cremigen Teig.

Füllen Sie den Teig in eine eingefettete Kuchenform (z. B. Gugelhupf) und schieben diese in den vorgeheizten Backofen. Backen Sie den Kuchen ca. 1 Stunde bei 190 °C.

Stockbrot für`s Lagerfeuer

Diese Brotvariante ist beliebt bei Grillpartys oder Lagerfeuern. Achten Sie darauf, dass die Kinder dieses Stockbrot nur unter Aufsicht backen.

Zutaten:

1 kg Roggenmehl, 4 Eier, 130 g Zucker, 1 Tüte Vanillezucker, 1 Tüte Backpulver, 1 Prise Salz, etwas Wasser

Zubereitung:

Geben Sie alle Zutaten in eine Schüssel, und verrühren Sie diese zu einem festen Teig. Wenn der Teig noch zu flüssig ist, geben Sie weiteres Mehl hinzu, wenn er zu fest ist, füllen Sie Wasser nach. Lassen Sie den Teig etwa 1 Stunde lang ruhen. Um das Brot zu backen, benötigen Sie einen langen Stab. Dies kann ein langer Ast sein, der zuvor von der Rinde befreit wurde. Wer es komfortabler wünscht, kann in Bastelgeschäften geeignete Stäbe bekommen. Wickeln Sie aus dem Teig mehrere dicke ‚Würstchen', und stülpen Sie diese an die oberen Enden der Stöcke. Die Stäbe werden mit dem Teigende über dem Grill oder der Glut eines Lagerfeuers gebacken. Wichtig ist, dass der Teig nicht über die Flamme gehalten wird, sondern über der Glut.

Kinderkekse

Zutaten:

Teig: 500 g Roggenmehl, 150 g Zucker, 2 Tüten Vanillezucker, 2 Eier, 250 g Butter, 1 Eiweiß

Guss: 1 Eiweiß, 1 TL Zitronensaft, 250 g Puderzucker

Zubereitung:

Verrühren Sie die Teigzutaten zu einem festen Knetteig. Decken Sie die Teigschüssel zu, und stellen Sie sie für 1 Std. zum Erkalten in den Kühlschrank. Rollen Sie den Teig auf einer mit Mehl ausgestäubten Arbeitsplatte ca. 3 mm dick aus. Stechen Sie die Kekse mit beliebigen Kindermotiven aus. Legen Sie sie auf ein mit Backpapier ausgelegtes Backblech, und schieben Sie dieses für 15 Minuten bei 160 °C in den vorgeheizten Backofen. Bestreichen Sie die abgekühlten Kekse mit dem flüssigen Puderzucker.

Herzhaft-pikant und süß-pikant

Schnelles Roggenbrot

Zutaten:

500 g Roggenmehl, 500 ml Vollmilch, 2 TL Salz, 2 TL Natron

Zubereitung:

Sieben Sie das Roggenmehl in eine Schüssel, und geben Sie die im Sieb verbleibenden Reste anschließend auch hinein. Mischen Sie dann das Salz und Natron unter.

Gießen Sie die Milch hinzu, und formen Sie mit den Händen einen leicht klebrigen Teig. Falls er zu sehr klebt, geben Sie noch etwas mehr Mehl hinzu.

Formen Sie dann den Teig in eine ovale Brotform und legen den Teig auf ein mit Backpapier ausgelegtes Backblech. Drücken Sie den Teig in der Mitte leicht flach und schneiden Sie in die Brotmitte ein Kreuz oder zwei Streifen. Geben Sie das Brot anschließend in den vorgeheizten Backofen, und backen Sie es ca. 30 bis 40 Minuten lang bis es leicht gebräunt ist.

Roggen-Quarkbrot

Zutaten:

500 g Roggenmehl, 500 g Magerquark, 3 Eier, 2 Tüten Backpulver, 1 TL Salz

Zubereitung:

Sie vermischen das Mehl mit dem Backpulver und geben dann die restlichen Zutaten hinzu. Verrühren Sie alles zu einem festen Knetteig, und füllen Sie den Teig in eine eingefettete Kastenform. Schneiden Sie die Oberfläche mit einem Messer mehrmals längs oder quer ein. Geben Sie die Kastenform in einen vorgeheizten Backofen und backen Sie ca. 75 Minuten bei 180 °C. Lassen Sie das Brot in der Backform auskühlen.

Einfaches Dinkelbrot

Zutaten:

750 g Dinkelmehl, 80 ml Maiskeimöl, ca. 600 ml Wasser, 1 TL Natron, 2 Tüten Weinsteinpulver

Zubereitung:

Vermengen Sie die Zutaten zu einem cremigen Teig und füllen diesen in eine eingefettete Kastenform.

Schieben Sie die Backform in den vorgeheizten Backofen und backen bei 170 °C ca. 50 Minuten lang.

Einfaches Maisbrot

Zutaten:

500 g Maismehl, 120 ml Maiskeimöl, 1 Tüte Weinsteinpulver, ca. 700 ml Wasser

Zubereitung:

Vermischen Sie das Maismehl mit dem Weinsteinpulver und Salz. Geben Sie langsam das Wasser hinzu, dann das Öl und rühren alles kräftig um.

Füllen Sie den fertigen Teig in eine eingefettete Kastenform. Schieben Sie diese in den vorgeheizten Backofen und backen ca. 50 Minuten lang bei 180 °C.

Vanilleroggenbrot

Zutaten:

500 g Roggenmehl, 120 g Sahnequark, 150 g Zucker, 2 Eier, 120 g Butter, 2 Tüten Vanillezucker, 1 Tüte Backpulver, 1 Prise Salz, ausgeschabtes Mark von einer Vanilleschote, 1 EL Puderzucker

Zubereitung:

Geben Sie die Butter, das Mark der Vanilleschote, den Vanillezucker und Zucker in eine Schüssel, und schlagen Sie diese Zutaten schaumig. Fügen Sie dann die Eier und den Quark hinzu und verrühren alles zu einem glatten Teig.

Vermengen Sie das Mehl mit dem Salz und Backpulver, und mixen Sie dies danach mit der Butter-Quarkmasse.

Kneten Sie den Brotteig in eine beliebige Form und legen das Brot dann auf ein mit Backpapier ausgelegtes Backblech.

Schieben Sie das Backblech in den vorgeheizten Backofen, und backen Sie das Vanilleroggenbrot ca. 30 Minuten bei 180 °C. Anschließend bestäuben Sie das Brot mit dem Puderzucker.

Buchweizen-Knäckebrot

Zutaten:

200 g Roggenmehl, 250 g Magerquark, 100 ml Milch, 200 g Buchweizenmehl, 100 g Butter, 2 TL Weinsteinpulver, 1 TL Salz

Zubereitung:

Mischen Sie das Mehl mit dem Weinsteinpulver und Salz. Fügen Sie den abgetropften Magerquark hinzu, und mischen Sie auch die in Flöckchen geschnittene Butter unter. Vermengen Sie alles gründlich und geben dann nach und nach die Milch hinzu. Kneten Sie den Teig kräftig durch und lassen ihn dann zugedeckt ca. 50 Minuten lang ruhen.

Rollen Sie den fertigen Teig auf einer mit Mehl ausgelegten Arbeitsfläche ca. 3 mm dick aus.

Schneiden Sie daraus mehrere etwa 6 x 10 cm große Teigscheiben heraus.

Legen Sie diese Teigscheiben auf ein mit Backpapier ausgelegtes Backblech, und stechen Sie mit einer Gabel mehrfach in den Teig.

Schieben Sie das Backblech in den noch kalten Backofen, und backen Sie die Knäckebrote etwa 20 Minuten lang bei 200 °C. Lassen Sie die Brote auf einem Kuchengitter abkühlen, und besprühen Sie sie mit etwas kaltem Wasser.

Indisches Fladenbrot

Zutaten:

500 g mehlig kochende Kartoffeln, 600 g Roggenmehl, 3 EL Sonnenblumenöl, 1 Messerspitze Pfeffer, 2 Zwiebeln, 250 ml Wasser, 1 EL Butter, 1 Bund Petersilie, 1 TL Salz

Sonstiges: 100 g Butterschmalz

Zubereitung:

Sie reinigen die Kartoffeln und kochen sie dann ca. 35 Minuten lang. Pellen Sie sie in noch heißem Zustand, und quetschen Sie sie dann durch eine Kartoffelpresse. Schälen Sie die Zwiebeln, schneiden Sie diese in kleine Würfel, und braten Sie sie glasig an.

Sie hacken dann die Petersilie und mischen diese unter die Kartoffelmasse, die nun mit dem Öl und den weiteren Gewürzen gemischt wird. Fügen Sie das Wasser und die abgekühlten Zwiebeln hinzu. Mischen Sie alles gründlich zu einem Teig. Rollen Sie den Teig auf einer mit Mehl ausgestreuten Arbeitsplatte aus, und formen Sie daraus 10 gleich große Teigstücke. Rollen Sie diese zu runden Teigplatten aus, die etwa einen Durchmesser von etwa 15 cm erreichen.

Zerlassen Sie den Schmalz in einer Pfanne, um die Teigplatten darin beidseitig 5 Minuten lang zu braten. Halten Sie die fertigen Fladenbrote im leicht vorgewärmten Backofen warm, bis sie serviert werden.

Die Fladenbrote sind beliebte Beilagen zu verschiedenen Fleisch- und Fischsorten.

Dinkel-Mandelbrot

Zutaten:

500 g Dinkelmehl, 100 g Dinkelgrieß, 1 Ei, ca. 500 ml Wasser, 150 g gemahlene Mandeln, 50 g feine Haferflocken, 1 Tüte Backpulver, 50 g Zucker, 4 EL Sahne

Zubereitung:

Vermischen Sie das Mehl mit dem Grieß, Zucker, Backpulver, Salz und den Haferflocken. Geben Sie dann das Ei und langsam das Wasser und die Sahne unter ständigem Rühren hinzu. Fügen Sie dann die gemahlenen Mandeln hinzu und vermengen alles zu einem festen Teig.

Füllen Sie den Teig in eine eingefettete Kastenform, und backen Sie diese im vorgeheizten Backofen bei 170 °C ca. 60 Minuten lang.

Süßliches Dinkelbrot

Zutaten:

1 kg Dinkelmehl, 100 g Margarine, 500 g Magerquark, 4 Tüten Backpulver, 15 EL Milch, 1 TL Salz, 100 g Zucker

Zubereitung:

Geben Sie die Margarine, den Quark und Zucker in eine Schüssel, und verrühren Sie alles gleichmäßig. Fügen Sie dann die weiteren Zutaten hinzu und kneten alles zu einem glatten Teig.

Formen Sie den Teig in eine ovale Brotform, und legen Sie das Brot dann auf ein mit Backpapier ausgelegtes Backblech. Backen Sie das Brot eine Stunde lang in dem vorgeheizten Backofen bei 150 °C.

Süßes Bananen-Mandelbrot

Zutaten:

400 g Roggenmehl, 130 g Zucker, 3 nicht vollreife Bananen, 40 g gehackte Mandeln, 2 TL Backpulver, 80 ml Maiskeimöl, 1 Tüte Vanillezucker, feine Haferflocken, 120 ml Milch

Zubereitung:

Vermischen Sie das Backpulver mit den gehackten Mandeln und dem Backpulver. In einer weiteren Schüssel schlagen Sie die Milch mit dem Öl, Zucker und Vanillezucker schaumig. Geben Sie die Bananen hinzu, die Sie in einer separaten Schüssel zerquetscht haben. Fügen Sie die Mehlmasse zur Milchmischung hinzu und vermengen alle Zutaten zu einem Teig.

Füllen Sie den fertigen Teig in eine eingefettete und mit Haferflocken ausgestreute Kastenform und backen diese im vorgeheizten Backofen ca. 50 Minuten lang bei 150 °C.

Bevor Sie das Brot aus der Backform nehmen, lassen Sie es noch 5 Minuten lang ruhen. Danach stellen Sie es zum Abkühlen auf ein Kuchengitter.

Zucchini-Apfel-Käsebrot

Zutaten:

300 g Zucchini, 300 g Roggenmehl, 5 Eier, 3 TL Backpulver, 1 Apfel, 80 ml Maiskeimöl, 120 g Frischkäse, 1 TL Salz, 50 g grobe Haferflocken

Zubereitung:

Sie reinigen die Zucchini und den Apfel und raspeln diese in eine große Schüssel. Geben Sie dann das Mehl, Backpulver, Öl, die Eier, das Salz und die Haferflocken hinzu und vermengen alles zu einem zähflüssigen Teig. Wenn der Teig nicht zäh genug ist, geben Sie noch etwas Mehl hinzu.

Füllen Sie den Teig in eine eingefettete Kastenform, die Sie in den vorgewärmten Backofen schieben. Backen Sie das Brot ca. 50 Minuten lang bei 180 °C. Danach reduzieren Sie die Temperatur auf 180 °C und backen weitere ca. 20 Minuten.

Lassen Sie das Brot in der Backform abkühlen, und lösen Sie es mit einem Messer, bevor Sie es auf ein Kuchengitter setzen.

Roggenzwiebäcke

Zutaten:

300 g Roggenmehl, 8 EL Ahornsirup, ½ TL Zimt, 1 Prise Salz, 20 ml Wasser, 6 Eier, etwas Butter

Zubereitung:

Schlagen Sie die Eigelbe mit dem Ahornsirup, Zimt und 20 ml Wasser schaumig. Die Eiweiße werden zu steifem Eischnee geschlagen. Mischen Sie das Mehl unter das Roggenmehl und heben anschließend den Eischnee darunter. Füllen Sie den Teig in die mit Butter eingefettete Kastenform und backen diese ca. 45 Minuten lang auf der unteren Schiene des vorgeheizten Backofens. Stürzen Sie das etwas abgekühlte Zwiebackbrot auf ein Kuchengitter und lassen es dort 12 Stunden lang ruhen. Schneiden Sie das Brot dann in ca. 1 cm dicke Scheiben. Legen Sie diese Scheiben auf ein Backblech und rösten Sie diese beidseitig ca. 4 Minuten lang auf der oberen Schiene im Backofen.

Süßliche Scones

Zutaten:

300 g Roggenmehl, 1 Ei, 70 g Zucker, 100 g Butter, 1 TL Backpulver, 100 ml Milch, 1 Prise Salz, 1 Eiweiß

Zubereitung:

Schlagen Sie das Ei mit dem Zucker schaumig und geben dann die Butter, Milch und das Salz unter ständigem Rühren hinzu. Mischen Sie das Mehl mit dem Backpulver, und mixen Sie dieses mit der Eiermasse.

Legen Sie den Teig auf eine mit Mehl ausgestäubte Arbeitsplatte und kneten Sie den Teig mit den Händen zu einem glatten Teig. Sie rollen den Teig ca. 2 cm dick aus, stechen mit einem Trinkglas Teigscheiben aus und legen diese auf ein mit Backpapier ausgelegtes Backblech. Verquirlen Sie das Eiweiß, und bestreichen Sie damit alle ausgestochenen Teigscheiben.

Schieben Sie das Backblech in den vorgeheizten Backofen und backen die Scones bei 200 °C ca. 15 Minuten lang, bis sie leicht gebräunt sind. Servieren Sie die Scones mit Marmelade und Sahne.

Englische Kräuter-Scones

Zutaten:

200 g Roggenmehl, 50 g feine Haferflocken, 50 g Butter, 5 EL Sahne, 3 EL Zitronensaft, 1 TL Backpulver, 1 TL Salz, 1 Prise Salz, 6 EL beliebige frische Kräuter (z. B. Kresse), 1 Ei

Zubereitung:

Vermischen Sie das Mehl mit dem Backpulver, Salz, Pfeffer und den Haferflocken. Schneiden Sie die Butter als Flöckchen in das Mehl. Geben Sie die fein gehackten frischen Kräuter, den Zitronensaft und die Sahne hinzu und vermengen alles zu einem Teig.

Rollen Sie den Teig auf einer mit Mehl ausgelegten Arbeitsplatte aus. Stechen Sie mit einem Trinkglas Kreise aus und legen diese auf das mit Backpapier ausgelegte Backblech. Verquirlen Sie das Ei und bestreichen damit die Teigscheiben. Schieben Sie das Backblech in den vorgeheizten Backofen und backen die Scones bei 210 °C ca. 15 Minuten lang, bis sie goldgelb geworden sind.

Maisgrießtorte

Zutaten:

250 g Maisgrieß, 1 Zwiebel, 4 Knoblauchzehen, 1 EL Olivenöl, 1 l Rinderbouillon ohne Hefe, Glutamat und E-Nr., 1 TL Salz, 1 TL Pfeffer, 1 Bund Petersilie, ½ TL geraspelter Ingwer

Zubereitung:

Sie schälen die Knoblauchzehen und die Zwiebel, zerhacken diese fein, geben sie in das erhitzte Öl und braten sie kurz an. Gießen Sie dann die zubereitete Rinderboillon und den geraspelten Ingwer dazu und streuen den Maisgrieß unter kräftigem Umrühren hinein. Lassen Sie dies 30 Minuten lang kochen und rühren stetig um.

Schmecken Sie den Maisgrieß mit Salz und Pfeffer ab und lassen ihn abkühlen.

Sie waschen und trocknen nun die Petersilie und hacken sie klein. Mischen Sie sie unter den Maisgrieß und rühren diesen kräftig um.

Füllen Sie den Grieß in eine mit Butter eingefettete Springform, und backen Sie diese ca. 30 Minuten lang bei 200 °C.

Servieren Sie die Maisgrießtorte warm.

Pizzateig

Zutaten:

300 g Roggenmehl, 1 Tüte Backpulver, ca. 120 ml Milch, 70 ml Olivenöl, 4 Prisen Salz, 1 Prise Zucker

Zubereitung:

Vermengen Sie das Mehl mit dem Backpulver, Zucker und Salz. Geben Sie dann unter stetigem Rühren das Olivenöl und die Milch hinzu. Verrühren Sie alles zu einem sämigen Teig. Rollen Sie diesen aus und geben ihn auf ein mit Backpapier ausgelegtes Backblech.

Belegen Sie den Pizzateig nach Belieben und Verträglichkeiten. Backen Sie die Pizza im vorgeheizten Backofen ca. 30 Minuten lang bei 200 °C.

Buchweizen-Crepes

Zutaten:

130 g Buchweizenmehl, 2 EL Butter, 3 Eier, 1/8 l Wasser, ¼ l Milch, ½ TL Salz, etwas Butter zum Backen

Zubereitung:

Vermischen Sie die angegebenen Zutaten zu einem flüssigen Teig, und lassen Sie ihn dann ca. 2 Stunden lang ruhen. Rühren Sie ihn nochmals gründlich um, bevor Sie mit dem Backen beginnen.

Geben Sie den Teig löffelweise in die mit Butter erhitzte Pfanne. Backen Sie beide Teigseiten bis sie leicht bräunlich sind.

Buchweizen-Fladen

Zutaten:

200 g Buchweizenflocken, 250 ml Rinderbouillon, 3 Eier, 150 g Roggenmehl, 50 g Butterkäse, 1 Bund Schnittlauch, 4 EL Sonnenblumenöl, Salz und Pfeffer, Öl für die Pfanne

Zubereitung:

Kochen Sie die Buchweizenflocken kurz auf und schütten das überschüssige Wasser anschliessend ab. Geben Sie die Rinderbouillon hinzu und kochen Sie diese zusammen mit den Buchweizenflocken kurz auf und lassen sie danach bei kleiner Hitze ca. 15 Minuten lang auf kleiner Stufe köcheln.

Verrühren Sie in einer Schüssel die Eier mit der Milch und dem Mehl und geben dann die gekochten Buchweizenflocken hinzu. Schneiden Sie den Butterkäse in kleine Stückchen, und geben Sie diese zusammen mit dem feingehackten Schnittlauch zu der Mehlmasse. Schmecken Sie den Teig mit Salz und Pfeffer ab.

Geben Sie den Teig löffelweise in die mit Öl erhitzte Pfanne und backen die einzelnen Fladen nacheinander.

Amerikanisches Maisbrot

Zutaten:

380 g Maismehl, 130 g Roggenmehl, 150 g Zucker, 4 Eier, 220 g Butter, 370 ml Milch, 1 Tüte Backpulver, 2 TL Salz

Zubereitung:

Vermischen Sie das Mehl mit dem Backpulver und geben dann die verquirlten Eier, den Zucker und das Salz hinzu. Vermixen Sie alles, und geben Sie unter stetigem Umrühren die Milch und die zerlassene Butter hinzu. Geben Sie den fertigen Teig in eine eingefettete Backform. Schneiden Sie die Teigoberfläche mehrmals quer oder einmal längs ein. Backen Sie das Maisbrot ca. 1 Stunde lang bei 200 °C.

Rezeptverzeichnis

Grundrezepte

Torten

Kuchen

Waffeln

Muffins

Donuts

Blätterteiggebäck

Diverse Leckereien

Kekse und Plätzchen

Kinderlieblinge

Herzhaft-pikant und süss-pikant

Hinweise für den Leser

Alle Angaben in diesem Buch wurden nach bestem Wissen und mit größter Sorgfalt erstellt. Die Angaben und Empfehlungen erfolgen ohne Verpflichtung oder Garantie der Autorin. Sie und der Verlag übernehmen keine Verantwortung und Haftung für Personen-, Sach- und Vermögensschäden aus der Anwendung der hier erteilten Ratschläge.

Es ist nicht auszuschließen, dass einige Rezepte nicht den neuesten wissenschaftlichen Erkenntnissen entsprechen. Es ist auch möglich, dass sie Fehler enthalten.

Dieses Buch hat nicht die Absicht und erweckt nicht den Anspruch, eine ärztliche Behandlung zu ersetzen. Ausdrücklich wird empfohlen, eine medizinische Diagnose vom Therapeuten einzuholen und eine entsprechende Therapiebegleitung durchzuführen.

Zur Autorin

Sigi Nesterenko, geb. 1964, erkrankte 1994 an MCS (Multiple Chemische Sensibilität). Um zu überleben, musste sie sich nicht nur mit dem Vermeiden und Ausleiten von Umweltschadstoffen wie Quecksilber, Blei und Palladium beschäftigen, sondern auch mit den MCS-Begleiterscheinungen wie einer Schimmelpilzallergie, chronischen Infektionen, Histamin-, Gluten- und Fructoseintoleranz.

Durch ihre stetige Suche nach der Ursache konnte sie im Laufe der Jahre durch verschiedene naturheilkundliche Therapien einen erstaunlichen und respektvollen Weg der Genesung erfahren. Dieser Weg dauerte viele Jahre und erforderte extrem viel Eigeninitiative und Disziplin. Sie sammelte im Laufe der Jahre sehr umfangreiche Kenntnisse durch ständiges Lesen, Recherchieren, Experimentieren und intensiven Austausch mit anderen MCS-Betroffenen

Und nicht zuletzt die Durchführung unendlich vieler hilfreicher und auch weniger nützlicher Therapien haben zu ihrem umfangreichen Wissen über Naturheilkunde beigetragen.

Ihre eigenen Erfahrungen und gesammelten Erkenntnisse hat sie mittlerweile in über 30 Büchern veröffentlicht wie beispielsweise über Histaminintoleranz, Fibromyalgie, Nahrungsmittelintoleranzen, Leaky Gut – der durchlässige Darm, Candida und Blähungen. Sie ist inzwischen zu einer gefragten Expertin geworden, wenn es um Nahrungsmittel-unverträglichkeiten und Umwelterkrankungen geht.

Bildnachweise:

ww.pixelio.de und www.fotolia.com

Seite 11 © mirco1 / pixelio.de
Seite 12 © Jasa / pixelio.de
Seite 12 © Lilo Kapp / pixelio.de
Seite 13 © Lulabaer / pixelio.de
Seite 15 © Mondstein / pixelio.de
Seite 17 © S. Hofschlaeger / pixelio.de
Seite 21 © Gabi Schoenemann / pixelio.de
Seite 22 © Otto Wenninger / pixelio.de
Seite 28 © SiepmannH / pixelio.de
Seite 32 © Carlo Schrodt / pixelio.de
Seite 33 © Klaus-Peter Adler / pixelio.de
Seite 43 © Albrecht E. Arnold / pixelio.de
Seite 48 © Andrea Wilhelm/ fotolia.com
Seite 51 © Marie Simon/ fotolia.com
Seite 56 © Martina/ fotolia.com
Seite 58 © Doris Heinrichs/ fotolia.com
Seite 61 © st-fotograf/ fotolia.com
Seite 64 © Daniela B./ fotolia.com
Seite 67 © Stephanie Frey/ fotolia.com
Seite 76 © Sandor Kacso/ fotolia.com
Seite 78 © Alexander Dreher / pixelio.de
Seite 83 © Ina Bemeleit / pixelio.de
Seite 88 © Viktor/ fotolia.com
Seite 90 © Karl-Heinz Liebisch / pixelio.de
Seite 91 © Claudio Baldini/ fotolia.com
Seite 92 © Joujou / pixelio.de
Seite 95 © Thomas Francois/ fotolia.com
Seite 97 © nimkenja/ pixelio.de
Seite 101 © Christian Jung/ fotolia.com
Seite 104 © siepmannH/ pixelio.de
Seite 108 © Andrea Wilhelm/ fotolia.com
Seite 110 © B. Stolze/ pixelio.de
Seite 116 © Cornerstone / pixelio.de
Seite 118 © Joujou / pixelio.de

Seite 122 © Brigitte Heinen / pixelio.de
Seite 125 © Jürgen Acker / pixelio.de
Seite 129 © Joujou / pixelio.de
Seite 131 © st-fotograf/ fotolia.com
Seite 133 © Michaela Schmidt / pixelio.de
Seite 139 © creative studio/ fotolia.com
Seite 145 © Manuela Pauser / pixelio.de
Seite 146 © brandi/ fotolia.com
Seite 149 © www.fotofixfax.com / pixelio.de
Seite 152 © tokamuwi / pixelio.de
Seite 156 © cpro/ fotolia.com
Seite 158 © innershadows/ fotolia.com
Seite 163 © Eva Kaliwoda / pixelio.de

Weitere Bücher von Sigi Nesterenko

Histaminintoleranz-
die unentdeckte Krankheit
ISBN 978-3981095180
www.Histaminintoleranz-24.de

Leaky Gut - der durchlässige Darm:
Allergien, Nahrungsmittelintoleranzen und vieles mehr endlich erfolgreich behandeln.
ISBN 978-3942179089
www.Leaky-Gut-Syndrom.net

"Entgiften von A bis Z"
Wie Sie Ihren Körper von Schwermetallen und anderen Umweltschadstoffen befreien
ISBN 978-3942179119
www.Entgiftung-Entschlackung.info

Neue Energie ohne Candida
Wie Sie den lästigen Candida-Pilz endgültig loswerden
ISBN 978-3942179003
www.leben-ohne-candida.de

Fructoseintoleranz
- krank durch Obst, Gemüse und Süßigkeiten
ISBN 978-3942179041
www.Fructoseintoleranz-Tipps.de

Depressionen erfolgreich behandeln
Wie Sie in nur 3 Monaten Ihre
Depressionen los werden können!
ISBN 978-3942179027
www.Depressionen-Ade.net

Amalgam frisst meine Seele
Überleben einer chronischen Amalgamvergiftung
Ein authentischer Bericht - spannend wie ein Krimi
ISBN 978-3942179010
www.Meine-Amalgam-Story.net

Borreliose erfolgreich erkennen und therapieren:
Wie Sie Ihre Borreliose ganzheitlich und effektiv behandeln
ISBN 978-3942179096
www.borreliose-tipps.de